山下景子

現存12天守閣

GS
幻冬舎新書
202

はじめに

みなさんが「お城」と聞いて思い浮かべるのは、どこの城でしょうか。

世界遺産の姫路城、それとも、金の鯱鉾《しゃちほこ》の名古屋城。大勢の人でにぎわう大阪城や熊本城だという人もいるでしょう。地元の城や、思い出の城かもしれません。

石垣、城壁、堀、櫓《やぐら》……。さまざまな見どころがある城の中でも、やはり、まず浮かぶのは天守でしょう。いわば、城の顔です。

ところで、一般に「天守閣」という呼び方で親しまれていますが、これは、江戸時代の終わりごろからの俗称ということで、専門用語では「天守」が用いられます。

その天守を初めて築いたのは、織田信長。当初は、「天主」と書かれていました。その由来には諸説あるのですが、天は、天下、ひいては神をあらわす天を意識してのことでしょう。

信長は岐阜城や二条城にも「天主」を建てたようですが、大規模な天主の第一号といえば安土城があげられます。それにしても、古代から始まる長い城の歴史を思うと、天主の登場は、比較的新しいことなのです。

地上六階地下一階、外観五重。金箔瓦葺《きんぱくがわらぶ》きで内部も贅《ぜい》の限りを尽くしていたという安土城天主は、前代未聞の建築物でした。しかも信長は、ここで生活していたといいます。じつは、天主で暮らしたのは、彼が最初で最後。豊臣秀吉以降は、御殿で日常生活を送るようになっていきました。天主はというと、事が起こった際の物見や、いざというとき城主が立てこもる場所になります。

そのころになると、「天主」のほかに、殿主、殿守、天守などの表記も見られるのですが、次第に「天守」に落ち着いていきました。「殿」よりも「天」、「主」よりも「守」という漢字の意味合いがぴったりと感じられるようになったからかもしれません。

それにしても、単に有事のための施設であれば、壮麗な天守は必要ないはずです。やはり、武力や権力を誇示する役割が大きかったといえるでしょう。戦国武将たちは、競って個性豊かな天守を築きあげました。文献に残る主要天守だけでも、ゆうに百を超えます。ですが、また次々と戦乱の荒波の中に消えていきました。炎上したもの、破却されたもの、移築されたものなど、その運命はさまざまです。

元和元年《げんな》（一六一五）には、「一国一城令」が発せられ、領国内の城は居城を除いてすべて廃城を余儀なくされました。これに伴って姿を消した天守もあります。

泰平の世では、天守はいわば、飾り兼物置きのようなもの。ですが、権力の象徴という感覚は根強く残っていたようです。だからこそ、幕府への配慮から天守をあげない大名もいました。また、火災、落雷、地震などで天守が失われた場合にも、幕府からの許可が得られず、そのままになることが多かったようです。反対に、天守にこだわってなんとか再建した例もあります。

結局、幕末の時点で存在していた天守は六十余りということです。

明治維新後、城はその役目を終え、天守も解体撤去されていきました。かろうじて残った天守は、二十。

それらのうち、太平洋戦争の空襲によって、七城の天守が失われ、昭和二十四年（一九四九）の失火で、松前城（北海道）の天守も焼失しました。

こうして、今現存している天守は、弘前城（青森県）、松本城（長野県）、丸岡城（福井県）、犬山城（愛知県）、彦根城（滋賀県）、姫路城（兵庫県）、松江城（島根県）、備中松山城（岡山県）、丸亀城（香川県）、松山城（愛媛県）、宇和島城（愛媛県）、高知城（高知県）の十二天守になりました。

それ以外はというと、「復元天守」「復興天守」「模擬天守」なのです。

「復元天守」とは、資料に基づいて忠実に再現した天守のこと。名古屋城や熊本城はこれにあたります。ただし、名古屋城や熊本城の天守内部は鉄筋コンクリート造り。このように、外観だけを再現した天守を「外観復元天守」、内部も含めすべてを忠実に再建したものだけを「復元天守」とする場合もあります。

「復興天守」は、かつて天守があった場所に建ってはいるけれど、外観が史実とは異なるものをいいます。大阪城は、この「復興天守」です。

ほかに、天守がなかったのに建てたものなど、全く史実に基づかないものもあります。これらは「模擬天守」と呼ばれます。

そう思うと、数々の危機を乗り越えて残った十二天守の存在の重さを改めて感じませんか。十二のうち、四城の天守は国宝、あとの八つも重要文化財に指定されています。とはいえ、そこに秘められた数々の物語を、私たちは知らないことが多いのではないでしょうか。

城にしても、天守にしても、戦略的な面から、あるいは、建築家の視点で語られることが多いのですが、それだけでは言い尽くせないほど、いろいろなことを私たちに教えてくれる存在なのです。

寺院や社寺が神聖な場所だとすると、城はいかにも世俗的な場所のように思えます。かつては、野望、愛憎、恩讐といった、どろどろした人間の煩悩が渦巻いていたことでしょう。それが時を経て、すっかり変貌をとげているところに私はひかれます。昔の荒くれ者が、歳を重ねて好々爺《こうこうや》になったようだといったら、たとえがおかしいでしょうか。ほほえましく、かえって、ほっとできる場所です。

現在では、史跡、文化遺産、観光地、公園、豊かな自然を残す場と、まるで総合芸術のように、さまざまな楽しみ方ができる場所となった十二城。その中心として、天守も多くの人々から親しまれています。戦いのために建てられたことも、侵入者を拒んできたことも忘れたように、あるときは希望の象徴にさえなってきました。すっかり、昔とは別の、新しい役割を担うようになったようです。

天守はまた、どんな風物を重ねても美しい絵になります。四季の表情と見事に調和し、その土地で、季節の中で、いつも息づいているのです。そして、時代の移り変わりを生き抜いてきた古老のように、遠い昔話を語ってくれます。そんな声に、もっと耳を傾けてみてはどうでしょう。これからも、時代を超えて生き続けてもらうために。

現存12天守閣／目次

写真　辻　秀文
図版作成　米山雄基

1——弘前城

青森県弘前市

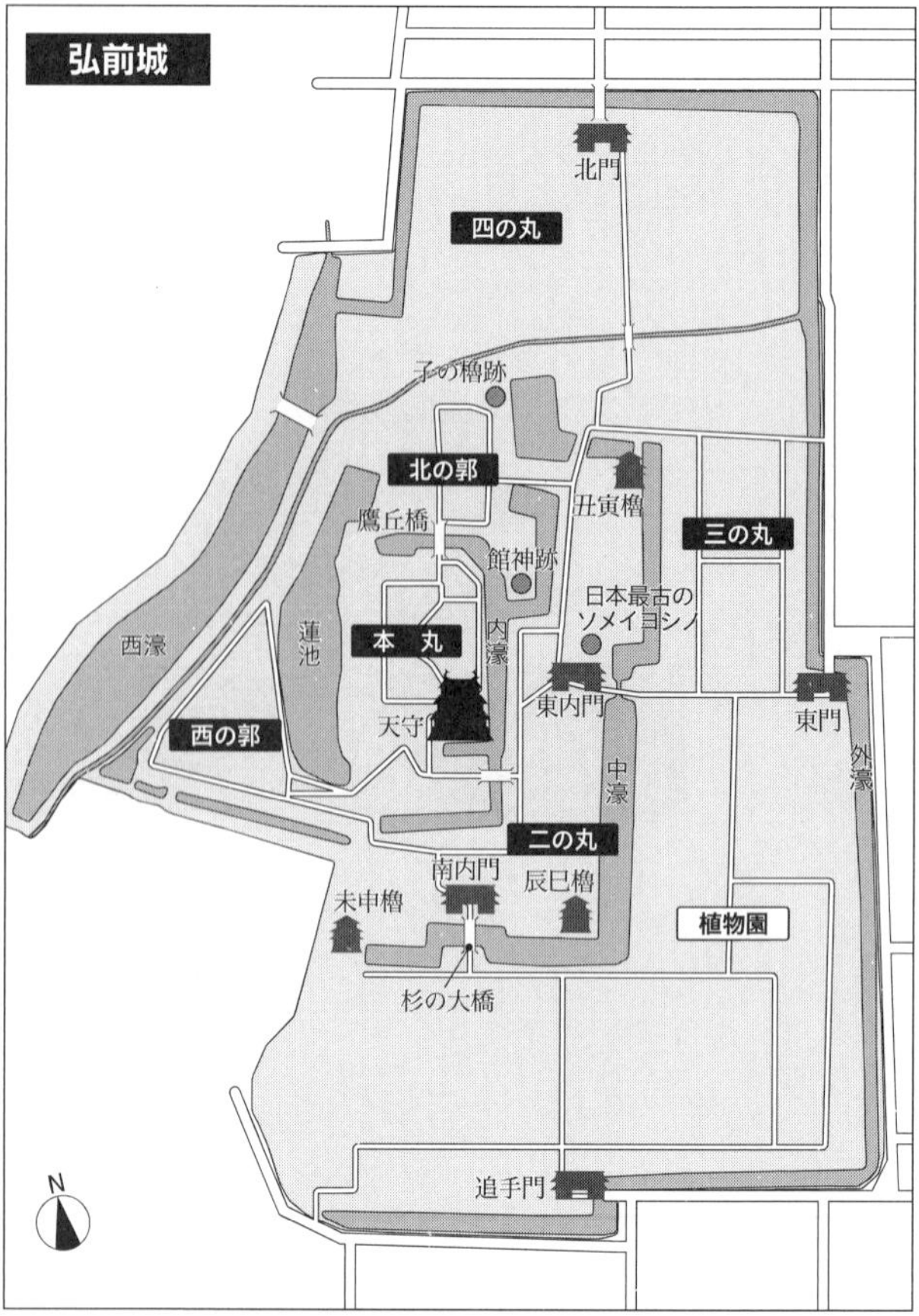
弘前城
北門
四の丸
子の櫓跡
北の郭
丑寅櫓
三の丸
鷹丘橋
館神跡
日本最古の
ソメイヨシノ
西濠
蓮池
本　丸
内濠
東内門
東門
西の郭
天守
外濠
中濠
二の丸
南内門
辰巳櫓
未申櫓
植物園
杉の大橋
追手門
N

城と桜

城には桜がよく似合う。これに異論のある人は少ないだろう。その証《あかし》に、ほとんどの城址が桜の名所になっている。まして天守のあるお城となるとなおさらだ。毎年春になると、城内は花見客でにぎわう。天守を紹介する写真も、花の枝越しに撮ったお決まりの構図のものが多い。

面白いのは、その桜が染井吉野《そめいよしの》だということだ。

染井吉野は、幕末に江戸・染井（現東京都豊島《としま》区駒込《こまごめ》）の植木屋からひろがったという。城が役目を終えようとしているころに、この世にあらわれた花なのである。

古来、日本人が愛《め》でてきた桜は山桜《やまざくら》。染井吉野がそれにとって代わった理由は、はなやかさと生長の速さだという。だがそれ以外に、散り際の潔さによるところも大きいのではないだろうか。山桜は、春の名残《なごり》を惜しむかのように、はらりはらりと優雅に散る。いっせいに咲いて、こぼれるように散っていく染井吉野とは、ずいぶん趣が違うようだ。葉と花が同時期に出る山桜に対して、まず花だけが咲くことも、散り際の印象をいっそう鮮やかにしているのだろう。

そんな染井吉野の散りっぷりのよさが、城の終焉の姿と見事に調和したのかもしれない。

さて、桜で名高い城址の中でも、筆頭は弘前城だろう。ここの染井吉野は毎年四月の終わりから五月の初めごろに満開となる。例年、四月二十三日から五月五日は「さくらまつり」が催されるが、ゴールデンウィークと重なるため、全国でも一、二の人出になるそうだ。

「さくらまつり」の期間のもうひとつの楽しみは、夜九時まで天守にのぼることができることだ。夜に天守内に入れる機会は少ない。現存天守のある十二城では、弘前城以外には、松江城（お盆と秋の水燈路《すいとうろ》のころ）、松山城（お盆と月見のころ）、高知城（月見のころとクリスマス）ぐらいだ（二〇二一年一月現在）。

私が訪れたのは五月五日、「さくらまつり」の最終日だった。満開の桜が咲き誇る弘前城を見たい気持ちはやまやまだったが、人込みは避けたい。ただ、夜の天守にはひかれる。その折り合いをつけて最終日に行くことに決めたのだった。あとで聞いた話によると、期間累計二百万人を超えるほどの人出でも、東京ドーム十個分以上（約四十九ヘクタール）という広い城内に散らばると、さほどではないらしい。

温暖化の影響か、開花は年々早まっているという。だが、花が終わったころに行くのもいい。夢窓疎石《むそうそせき》（臨済宗の僧・一二七五～一三五一）も詠んでいるではないか。

～盛りをば　見る人多し　散る花の　あとを訪《と》うこそ　情《なさけ》なりけれ～

時代の風読み

桜はさておき、明治初期は、多くの城が散っていった時期である。

幕末、東北諸藩の多くは幕府方についた。戊辰戦争では、会津藩はじめ、各地で惨劇が繰りひろげられている。そんな中で、弘前藩は勤王の立場を選んだのだった。そのため、明治政府が全国の城を取り壊すことにした際もその処置は穏やかで、本丸御殿と武芸所を処分するだけで免《まぬが》れた。現在、天守のほか、三基の櫓《やぐら》、五棟の門が往時の姿をとどめ、重要文化財に指定されている。

弘前藩祖・津軽為信《ためのぶ》は、時代の風向きをよむことに長《た》けた人物だったようだ。もとは下克上に乗じてのし上がった大名で、姓は大浦だった。大浦為信のとき、秀吉を見込んでいち早く小田原攻めに参陣し、津軽安堵《あんど》の朱印状を受けている。天正十八年（一五九〇）のことだ。津軽姓を名のるようになったのも、秀吉のすすめによるものだという。

ところが、天下分け目の関ヶ原では徳川方についた。厳密にいえば、長男・信建《のぶたけ》を豊臣秀頼のいる大坂城に置き、東軍、西軍双方とよしみを通じて、どちらに転んでも存続が図れるようにしていたようだ。為信自身は、西軍の本拠地・大垣城攻めに参加し、このときの働きが評価されて、初代弘前藩主になったというわけだ。

その後、明治維新まで、弘前藩主は代々津軽家が務めた。

最後の藩主・津軽承昭《つぐあきら》のとき、再び、大きな時代の分け目がやってくる。勤王か佐幕か……。

現存三重櫓

		名称
弘前城	青森県	二の丸辰巳櫓 二の丸未申櫓 二の丸丑寅櫓
江戸城	東京都	本丸富士見櫓
名古屋城	愛知県	西北隅櫓
彦根城	滋賀県	西の丸三重櫓
明石城	兵庫県	巽櫓 坤櫓
福山城	広島県	伏見櫓
高松城	香川県	北の丸（北新曲輪）月見櫓 旧東の丸艮櫓
熊本城	熊本県	宇土櫓

※江戸城の富士見櫓は、関東大震災で大破し、その後復元された。
それ以外はすべて重要文化財に指定されている。

藩論は揺れ動いた。

承昭は、京都の公家・近衛忠熙《このえただひろ》の娘を正室に迎えている。近衛忠熙といえば、十三代将軍・徳川家定の正室・天璋院篤姫《てんしょういんあつひめ》の養父でもある。この結びつきが大きくものをいったとはいえ、冷静に時勢を見極め、適切な選択をするというのが、為信以来の津軽家の家風なのかもしれない。本州最北の地は、情報収集には不利だということを充分心得ていたのではないだろうか。自分の弱点を知る者は強い。弘前城は、一度も戦火を経験することはなかった。

弘前の地を踏んだ者がまず目にするのは、岩木山だ。五月だというのにたっぷりと雪をいただき、美しい稜線をゆるやかにひろげている岩木山に、私も出迎えてもらった。移動中も、ずっと静かに見守られているような気がしたものだ。

追手門《おうてもん》の近くまで来たところで、南側にある観光館前のスペースで少し休憩した。すがすがしい風が吹いてくる。正面には、やはり岩木山。その裾野に大切そうに弘前城が抱かれているのを見て、改めて、守り抜かれた城という感を強くした。

櫓門と三重櫓

弘前城の追手門は、たとえ閉じられていたとしても、入城を拒絶する物々しさは感じられないだろう。寺院の山門のように見えるからだろうか。むしろ、穏やかに迎えてくれるように思える。

二階建てで、上は渡櫓《わたりやぐら》になっている櫓門《やぐらもん》という形式の門だ。

櫓の語源は、矢の倉。武具庫から、やがて、物見や敵を迎え撃つ場所として、さまざまな形の建物へと発展していった。渡櫓は、左右の石垣の上にまたがるように渡した櫓のことだ。

弘前城には、この追手門も含めて五つの門が現存する。すべてがよく似た形の櫓門になっている。櫓門は、最も厳重で、格式が高いとされている門だ。やさしげに見える弘前城の櫓門だが、もちろん渡櫓からは、攻め寄せてくる敵を攻撃することもできる。目立たないようにしているが、白壁には三角と四角の鉄砲挟間《さま》（鉄砲を撃つための小窓）も設《しつら》えてあるのだ。かつては、ここにも武具が常備され、物見の武士が詰めていたことだろう。

だが、桜に心を奪われて、そんなことは脳裏をよぎりもしない。

追手門を抜けてからも、染井吉野の並木が続いている。満開宣言が四月二十二日。私が訪れた二〇〇九年は、そのあと低温の日が続いて長持ちしたそうだが、さすがに五月五日ともなると、桜蕊《さくらしべ》を降らせていた。とはいえ、そのおかげで、ここには染井吉野以外の桜も数多く植えられているのがわかった。枝垂《しだ》れ桜や山桜は、まだまだ花の盛りだ。しかも、揺れる淡い薄紅色が、染井吉野の蕊の濃い紅色と相まって、なんとも艶《えん》な雰囲気をかもし出している。

「さくらまつり」の期間中は、予約なしでボランティアガイドのサービスが利用できるらしい。テント張りの詰め所にさしかかったとき、柔和な笑顔と目が合った。

「どうですか。時間を有効にまわれますよ」

たしかに、今回は神戸から一泊二日の予定で来ている。時間がたっぷりあるわけではないので、お願いしてみることにした。

案内してくれることになったのはTさん。少し津軽弁が混ざった口調が耳に心地よく響く。連れ立って歩き始めると、ほどなく中濠《なかぼり》にさしかかった。

その向こう、葉桜越しに、屋根が三重になった白壁の櫓が見える。二重櫓は多いが、三重櫓は全国に十二基しか現存していない。そのうちの三基が弘前城にあるのだ。

「これは、辰巳《たつみ》（東南）の方角にある辰巳櫓。弘前城の櫓は、どれも同じ形をしとります。屋根や窓は、わずかばかしずつ違うんだけどね。ほら、一階と二階が同じ大きさで、三階だけが小さくなってるでしょ」

これは二階のスペースを広くする以外に、三階や二階の屋根に積もった雪が一度に一階の屋根に落ちて、負担が大きくなるのを防ぐ効果もあるという。現存する十二基の三重櫓の中では最小だと聞いていたが、そのせいか、実際よりも大きく見えるような気がした。

桜切るバカ

中濠沿いを歩いているとき、Tさんが桜の木を指さして言った。

「この染井吉野は、百歳を超えてるんですよ。あとで行ってみたらいいけど、二の丸には明治十五年（一八八二）生まれの日本最古の染井吉野もあります」

弘前観光コンベンション協会の資料によると、明治十五年、旧藩士で「青森りんごの始祖」といわれる菊池《きくち》楯衛《たてえ》が、城内の荒廃ぶりを見かねて、染井吉野の苗木千本を植えたとある。この中の一本が今でも生きているというわけだ。その後も桜の植栽が続き、現在に至っているという。

「普通だったら染井吉野の寿命は六十年。背ばかり高くなって、とっくに枯れてるはずですよ」

なるほど、ここの桜は幹が太くて背が低い。よく見ると、太い幹や枝が途中で切り落とされ、ほかの場所から枝がたくさん出ている。

「桜切るバカ、梅切らぬバカ」……昔からよく知られていることわざだ。桜の木は幹や枝を切ると、そこから腐って枯れてしまう。反対に梅は剪定《せんてい》しないと花もよく咲かないし、実もならないという。じつは私もこの日まで、そういうものだと思ってきた。が、こうも大胆に桜を切っているとは……。

なんでも、林檎《りんご》農家出身の作業員が、枯れた桜の枝を切り落としたのが始まりだそうだ。昭和四十八年（一九七三）当時は、「このままでは桜は全部枯れてしまう」と大学教授が異を唱え、大論争を巻き起こしたらしい。だが、林檎農家が長年つちかってきた技術と経験は正しかった。

現在、弘前城は弘前公園として親しまれているが、ここには樹齢百年を超える桜が三百本もあるという。それらは今でも、枝を埋めつくさんばかりに花を咲かせる。

「林檎もバラ科。桜もバラ科。バラ科の木はお日さまの木なんだよ」

そういえば、ここへ来る途中で何度も林檎畑を見かけた。少しでも多くの日光を受けとめようと横にひろげたような枝ぶりは、弘前城の桜と共通するものがある。

今ではこの方式が全国にひろまっているそうだ。

三重の濠

弘前城の濠は三重にめぐらされている。これらの濠が、また桜をひきたてる。水鏡となって花影を映し、ただでさえ多い花を倍増する。散った花びらは、水面を桜色一色に塗りつぶす。

その濠に、鴛鴦《おしどり》を見つけたときには思わず声をあげた。繁殖期をあらわす思い羽（銀杏羽《いちょうば》）の鮮やかな橙《だいだい》色が目をひく。冬鳥として知られる鴛鴦だが、東北地方以北では夏鳥になるそうだ。花筏《はないかだ》の間をぬって泳ぐ鴛鴦夫婦の姿はいかにも絵になる。これも、弘前城ならではの光景ではないだろうか。

弘前城は土塁《どるい》が多い。外濠や中濠の岸は、石垣はなく、土を盛っただけになっている。門も土塁の間にはさまるように築かれているし、櫓や土塀《どべい》も土塁の上に建っている。その土塁を芝の柔らかな緑が、いっそうこの城の印象を親しみのあるものにしているのかもしれない。

中濠にかかっている杉の大橋を渡って、南内門《みなみうちもん》をくぐると、そこは二の丸。

ゆったりと歩きながら、弘前藩十万石にふさわしい広さだと思っていたら、築城当時は四万七千石だったという。にもかかわらず、最初からこの規模だったらしい。

そのころ、高岡（鷹岡）と呼ばれていたこの地に築城を計画したのは、初代為信。だが彼は、着工する前にこの世を去ってしまった。慶長十二年（一六〇七）、京都にいた嫡男・信建を見舞いに行く途上で訃報を受け取り、そのままあとを追うように京都で病没したのだ。嫡男の死からわずか二か月後のことだった。

それ以前に次男も世を去っていたため、二代藩主となったのは、三男の信枚《のぶひら》だ。彼が父の志を継いで、四年後の慶長十六年（一六一一）にほぼ完成させている。

二の丸をしばらく進むと、ようやく天守が見えてきた。三重三階。白壁に矢挟間《やざま》を並べ、一階と二階の出窓を切妻破風《きりづまはふ》（本を伏せたような形の飾り屋根）で飾っただけのシンプルなデザインだ。

さすがに内濠の本丸側や天守台は石垣になっていた。

たもとにかかる橋には、下乗橋《げじょうばし》という名がついている。その名のとおり、藩士はここで馬からおりなければならなかった。

たくさんの人が橋の上で、天守と桜を背景に記念写真を撮っている。弘前城といえば、たいていここから撮った写真が紹介されるぐらい、おなじみの場所だ。

朱色の欄干《らんかん》に、天守の白壁、そして、屋根は淡いグリーン。美しい色のコントラストには、四季折々の木々の表情が映えることだろう。棟方志功《むなかたしこう》が命名したという「御滝桜《おたきざくら》」が、花の滝を内濠になだれ落としていた。

満天姫

天守の中は資料館になっていて、弘前藩関係の道具や武具などが展示されている。天守には急な階段がつきものだが、ここは楽なほうだ。

二階の『津軽家略系図』の前で、Tさんは立ち止まった。

「この満天姫《までひめ》は、家康の養女です」

系図には、括弧《かっこ》書きで（家康弟・松平康元の娘）とある。弟といっても異父弟だ。家康の生母・於大《おだい》の方は、家康を産んだあと、実家が敵対していた織田方についたため、離縁された。その後、久松俊勝に再嫁して産んだのが康元だ。満天姫はその娘ということだから、家康にとっては姪《めい》に当たる。

彼女は、最初、福島正之に嫁いだ。秀吉子飼いの大名で広島城主となった福島正則の嫡子だ。彼も正則の実の子ではない。正則の嫡男が早世したため、甥《おい》である正之が跡継ぎとして迎えられたのだ。

正之と満天姫との間にめでたく男子が授かった矢先、正則のところにも男の子が誕生した。豊臣秀吉が甥の秀次を養子にしたあと、秀頼が生まれたのと同じようなことになってしまったわけだ。福島正則も、やはり実の子かわいさに、正之を疎《うと》んじるようになったらしい。やがて幽閉された正之はそのまま非業の死をとげたといわれる。

夫に先立たれ、江戸に戻った満天姫の次の嫁ぎ先が、津軽信枚だった。

大坂の陣のあと、福島家をはじめ多くの大名家が取り潰《つぶ》されたり、転封《てんぽう》されたりしていった中で、津軽家がこの難しい時期を乗り切ることができたのは、満天姫の力によるところが大きい。事実、信濃《しなの》・川中島への転封が持ち上がり、信枚も一時は覚悟をしたというが、満天姫の働きで免れた。

彼女は、福島正之との間にできた直秀《なおひで》を連れて弘前に嫁いでいた。その直秀が成人し、「取り潰しになった福島家を再興したい」と言い出したとき、満天姫は危ぶんだ。説得しても聞き入れない我が子。もし実際に行動に移されれば、津軽家の存続にかかわってくる。悩んだ挙句、満天姫は直秀を毒殺したという。

今の、のどかな弘前城からは想像もできない悲惨な話だ。だが本来、城は権力の中枢であり、軍事施設である。どの城も、それぞれの悲劇を数多くのみこんできたはずだ。

じょっぱり殿様

「じゃあ、三代藩主の信義は、信枚と満天姫の間にできた子なんですね」

「んにゃ。信義を産んだのは、石田三成の娘です」

「えっ」

正室が家康の娘で、側室が石田三成の娘……。

なんでも、関ヶ原の戦いのあと、大坂城にいた津軽信建は、石田三成の二男・源吾と、その妹・辰子を連れて弘前に帰ってきたという。北辺の地ということもあって、徳川方の目も届かなかったのだろうか。やがて源吾は、家臣の杉山姓を名のって津軽藩に仕え、辰子は信枚の側室になった。そのあとに、満天姫が嫁いできたのだ。辰子が世を去ったあと、満天姫は、辰子の産んだ信義を引き取って育てたという。

『津軽家略系図』には、信義の横に「じょっぱり殿様」と注釈がつけてあった。

「じょっぱり殿様って、どういうことですか？」

「強情っ張り……。頑固《がんこ》で言うことをきかない殿様だったんだな」

彼は、家臣との間になにかと問題が絶えなかったらしい。だが系図には、彼の功績として、治水工事と牧場開設があげられている。『青森県百科事典』（東奥日報社）にも、父・信枚の路線を継承し、新田開発や鉱山の開鉱など、政策には見るべきものがあったと記されている。実力がありながら、敵を作りやすい人物だったのかもしれない。このあたり、三成に似ているということだろうか。

天守の最上階は、東南の二面に矢挟間（矢を射るための細長い小窓）が設けられ、西北側は横長の連子窓《れんじまど》になっている。下をのぞくと、屋根の上に銅板をかぶせていることがよくわかった。銅板下は栩《とち》の板葺きになっているそうだ。寒冷地では瓦が割れやすいために、このような工夫がなされている。

矢挟間からは城内の桜並木や下乗橋が見下ろせた。連子窓の前に立てば、岩木山と向かい合える。とはいえ、城外の様子を見渡すことはできない。天守は、物見の櫓から発展したというが、弘前城の場合は、物見の役目は果たさないのだ。

逆に、城下からも見えない。城主の力の象徴、城のシンボルという意味でも、外から仰ぎ見る存在でなければならないのだが、弘前城は違う。

じつは、これは築城当時の天守ではなかった。

幻の天守

耳をつんざく雷鳴。それと同時に天守が稲妻に貫かれて燃え上がった。続いて今度は大爆発……。

もともと弘前城の天守は五層だったという。三階には時を告げる鐘がつってあったらしい。落雷に伴う火災でその鐘が焼け落ち、下の階に貯蔵してあった火薬の上に落ちたため、大爆発が起こったのだ。

寛永四年(一六二七)、五重の天守は十六年で姿を消した。壮絶な最期だ。

その天守は、今の場所ではなく、本丸の西南隅に建っていたという。しばらくは隅櫓《すみやぐら》（本丸未申櫓《ひつじさるやぐら》）が建てられていたがそれも失われ、今では礎石だけが名残をとどめていた。現在の天守の位置から、西に数十メートル移動するだけなのに、視界が遠く開ける。最上階は、さぞ見晴らしがよかっただろう。また、城下からもその威容を拝むことができたことだろう。

江戸時代は、幕府の許可がないと城の普請はできない。天守の再建は、まず許可されなかった。江戸城でさえ、明暦三年（一六五七）の振袖《ふりそで》火事で焼失して以来、再建されなかったのだから、弘前城に許可がおりなかったのも仕方がない。

だが弘前藩はあきらめなかった。九代寧親《やすちか》の時代になって、天守ではなく御三階櫓を建てるということで、ようやく許可をもらった。悲願がかない、今の天守が完成したのは文化七年（一八一〇）のことである。

改めて本丸から現存天守を振り返ると、二の丸から眺めたときとは全く表情が違う。先ほどは立派な天守に見えたのが、こちら側からではまるで櫓なのだ。それもそのはず、西面と北面は、破風もなく、石落としや挟間もない。連子窓があるだけだ。

東面と南面の天守台は、濠の石垣から立ちあがっているので高く見えたが、本丸上の石垣部分は低く、天守台と呼ぶには物足りない。

だが、内面《うちづら》と外面《そとづら》が違う天守……。そう思うと、なんとも人間的ではないか。身内にだけは内面を見せて、表向きは突っ張っているのだ。

天守にこだわりながらも、性急に意地を通そうとはせずに、あきらめず、粘り強く交渉し続けたところにも、津軽人の気質があらわれているように思える。権力に逆らわず、かといって迎合してしまわず、上手に折り合いをつける処世術は、雪や寒さという厳しい自然の中でつちかわれたものなのだろうか。

築城当時の大天守が焼失したことは残念だが、そのおかげで弘前城特有の天守ができた。私たちが親しみを感じるのは、こんなところにもあるのかもしれない。

館神

今では広々としている本丸だが、藩政時代には、御殿をはじめ、能舞台、武芸所、御金蔵《ごきんぞう》、御宝蔵《ごほうぞう》、御日記蔵《おにっきぐら》などが建ち並んでいたという。

ところで、城の一区画を郭《くるわ》という。土塁などで囲った平削地だ。城によっては「曲輪」とも書く。

日も暮れかかったころ、Tさんが案内してくれた場所が、北の郭のはずれにある館神跡《たてがみあと》だった。向かい側の本丸の石垣の角《かど》が、隅切《すみき》りされているのがわかる。ここは丑寅《うしとら》（東北）の一角。古くから鬼の出入りする方角（鬼門《きもん》）として忌み嫌われていた。隅切りをするのは、鬼門除け。

そのため、長方形の本丸が、厳密にいうと五角形のようになっている。

さて、この館神跡は、かつて稲荷神社が祀《まつ》られ、加持祈禱《きとう》などを行う場所であった。ここには藩主、神官、家族など、限られた者しか出入りを許されなかったという。館神とは、いわば城の守護神。ところが、本当の館神は、稲荷神社のさらに奥に祀られていたのだ。江戸時代には一度も開けられず、明治になってわかったという。なんとそれは、豊臣秀吉の木像だった。

本領を安堵し、大名として認めてくれた秀吉。その恩を、時代が変わり、徳川の世になっても忘れなかったということだ。それにしても、幕府の知るところとなれば、ただではすまなかったはずだ。そんな危険をおかしてまで、秀吉の恩義を代々伝えていくとは、なんという律儀さだろう。

ふと気がつくと、もうすっかり日が暮れている。

「こんなに遅くまで……。ありがとうございます」

お礼を言うと、Tさんは照れたように笑みを浮かべた。

「じょっぱり」の語源は、「情張《じょうは》り」だという。強情っぱりの「情」かもしれないが、人情の「情」ともいえるのではないだろうか。

Tさんと別れて、屋台の出店をのぞいてまわったあと、再び本丸に戻ってきた。

念願の夜の天守……。窓から、雪洞《ぼんぼり》に照らされた桜並木が見える。それも今日まで。明日からは「さくらまつり」も終わり、静かな闇に包まれるのだろう。

さすがに冷え込んできた。それでも、ほのぼのとしたあたたかさの余韻が残って、立ち去り難い思いのまま、しばらくそこにたたずんでいた。

2——松江城

島根県松江市

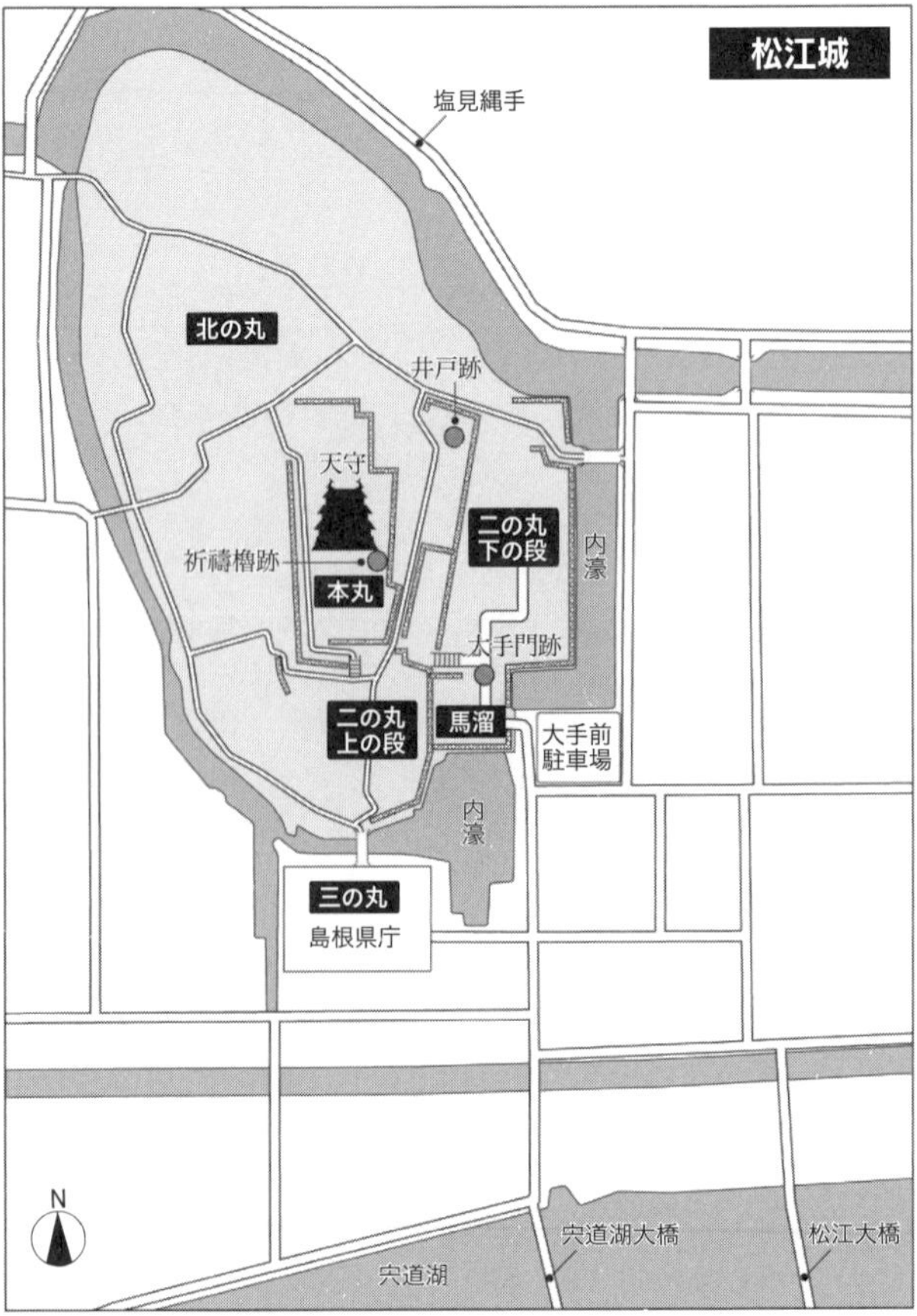
松江城
塩見縄手
北の丸
井戸跡
天守
二の丸
下の段
内濠
祈禱櫓跡
本丸
大手門跡
二の丸
上の段
馬溜
大手前
駐車場
内濠
三の丸
島根県庁
N
宍道湖大橋
松江大橋
宍道湖

仏の茂助、鬼の茂助

目の前に宍道湖《しんじこ》が開けた。と思ったらそれも束の間、車はまたたく間に宍道湖大橋を走り抜けてしまった。

眼底にはまだ静かな湖面が映っている。水の都、山陰の小京都、小泉八雲《こいずみやくも》がこよなく愛した街……。宍道湖の東端にひろがる松江は、訪れる前から、しっとりとした情緒が漂う街だという印象を抱いていた。だから、松江城も優美なたたずまいを見せているかというと、とんでもない。尾張《おわり》出身の戦国武将・堀尾吉晴《ほりおよしはる》が建てた城なのだ。

宍道湖大橋から数分で島根県庁だが、県庁の建っている場所が、かつての三の丸だ。その隣にもう内濠が見えている。濠の水は、宍道湖からひいたという。

向こう岸の石垣の上には、ものものしい黒塗りの板塀が続いていた。この板塀は平成十三年(二〇〇一)、櫓とともに復元されたものだが、塀にあけられた狭間《さま》から、弓矢や鉄砲が向けられていてもおかしくないほどの迫力を感じる。

堀尾吉晴は、若いころは茂助《もすけ》と称していた。秀吉のもとで頭角をあらわし、順調に出世して、小田原征伐のあとには浜松十二万石の大名になっている。温厚な人柄で「仏の茂助」と呼ばれていた。だが戦《いくさ》になると豹変する。「仏の茂助は鬼の茂助というべし!」……。こう言って秀吉もたたえたというから、相当激烈な戦いぶりだったのだろう。

その後、三中老のひとりとして、諸将の間の調整役を務めた。これは仏の茂助にうってつけの役どころといえよう。秀吉の死後も、対立する石田三成と徳川家康の間で心を砕いたに違いない。だが、次第に家康に傾いていったようだ。関ヶ原の戦いでは嫡子・忠氏《ただうじ》ともども家康方についている。

とはいえ関ヶ原では、鬼の茂助を披露することなく終わった。石田三成方の動向を探りにいく途中で、重傷を負ったためだ。池鯉鮒《ちりふ》（＝知立《ちりゅう》）の地で刈谷城主・水野忠重の饗応を受けたときのこと。突然、加賀井秀望《かがいひでもち》が水野忠重を斬殺したので、その場で加賀井秀望を討ち果たした。ところが水野忠重の家臣に、ふたりを殺したのは吉晴だと誤解され、斬り込んでこられたのだという。のちに疑いも晴れ、加賀井秀望は、石田三成の密使だったこともわかった。

そんな彼に代わって、奮闘し、目覚ましい戦果をあげたのが息子の忠氏だ。その手柄により、堀尾氏は出雲《いずも》・隠岐《おき》二十四万石を領することになった。

尼子、毛利と、それまでこの地を治めていた領主たちが居城とした城は、月山富田城《がっさんとだ》。松江から十五キロほど南東に入った山の中にある。吉晴親子もここに入城したが、険しい山城である上、手狭で交通の便も悪く、新たな城造りを考えることになった。

このころ、吉晴は家督を忠氏に譲っている。それでも、親子で築城計画を進めていった。秀吉の家臣の中でも普請《ふしん》上手とうたわれた吉晴だ、じっとしていられるはずがない。さまざまな実戦の経験がよみがえり、構想がふくらんだことだろう。鬼の茂助がむくむくと頭をもたげてきたのではないだろうか。

なんじゃもんじゃ

車を停めたのは、大手前駐車場。その名のとおり、大手口の前にある。大手とは城の正面のこと。追手《おうて》ともいう。もともと野戦の際に、敵の正面を攻撃する手勢をさしたものだというから、追手のほうが本来の意味をあらわしているのかもしれない。今でも弘前城や高知城は「追手」を使っている。

ちなみに、追手に対して、敵の背後にまわり、逃げる敵兵を搦《から》め捕《と》る軍勢が搦手《からめて》。こちらは、城の背面をさす言葉として使われている。

説明板によると、今は石垣が残るだけの松江城の入り口には、大手柵門《さくもん》（木戸門）があった。中は広々とした馬溜《うまだまり》跡だ。出撃の際には、ここに馬をそろえて控えさせておく。それにしても四十六メートル四方。テニスコート八面分の広さだ。これだけでも、大戦《おおいくさ》を想定していたことがわかる。吉晴の意気込みがうかがえるようだ。まわりはすべて石垣に囲まれた巨大な桝形《ますがた》になっていて、右手に曲がると、鯱鉾《しゃちほこ》をのせた壮大な大手門があった。写真や記録がないので、いつごろまであったかは定かでないが、明治初年ごろまでは残っていたものと思われる。

その大手門跡の内側が、二の丸下の段。ここも大きな広場になっている。折しも新緑の季節。中央の芝生《しばふ》の若草色、周囲の大木の萌葱《もえぎ》色や松葉色……。緑のグラデーションがなんとも美しい。

どの城跡もそうだが、桜のあとは、豊かな緑をたたえる場所になる。

みずみずしく薫る風を感じながら、一段上の二の丸にのぼろうとして、白い花と淡い緑の葉がそよいでいる樹に目がとまった。

「なんじゃもんじゃ」という札がかかっている。昔は名前のわからない木をこのように呼んでいたらしい。だが、もっともらしく、水戸黄門に「この木はなんじゃ」と聞かれた家臣が、とっさに「もんじゃです」と答えたことからこの名がついたという語源説まで残っている。本当の名前は「一《ひと》つ葉田子《ばたご》」。日本では長崎県対馬地方と岐阜県東濃地方だけに自生している珍しい木で、今では絶滅危惧種だ。

ここにある樹は、昭和十五年に、松江出身で朝鮮半島の育林業務に携わっていた杉坂治氏が寄贈したとある。

この二の丸下の段は、何棟もの米蔵が建ち並んでいた場所だが、今は面影もない。そのかわり、江戸時代にはなかった植物が次々と植えられ、憩《いこ》いの場所に変わっていく。なんじゃもんじゃの樹も、大きく枝をひろげ、やさしい木陰を作っていた。

祈禱櫓

県庁の横から濠越しに見える板塀は二の丸のものだ。復元された太鼓櫓、中櫓、南櫓を結んで、二の丸の東南をかためている。かつてはこの場所に、番所や御広間などが所狭《ところせま》しと並んでいたという。

二の丸下の段、二の丸、そして本丸と、松江城の郭《くるわ》は一段ずつ高くなっていく。亀田山と呼ばれた小高い山の上に建っているからだ。

吉晴は別の場所に城を築こうと考えていたらしい。だが息子・忠氏は、この亀田山を主張した。父が考える荒和井山《あらわいやま》は、二十四万石で維持していくには大きすぎるというのだ。軍事的な戦略しか考えていなかった父に対して、忠氏は先々の藩の経営まで考慮に入れていた。関ヶ原での活躍といい、時代の変化を見据えた城下町の構想といい、吉晴は内心、息子の成長に目をみはる思いだったのではないだろうか。

そんな忠氏が、突然急死してしまう。慶長九年（一六〇四）、二十八歳の若さだ。死因はよくわからない。毒蛇にかまれたという説もあるが、祟《たた》りだという噂も飛び交った。

忠氏の遺志を継ぐ形で城は亀田山に決定し、忌明けを待って着工した。跡継ぎの忠晴《ただはる》はまだ六歳。結局、実際の藩政は吉晴がとり行った。悲しみをふり払うように、彼はいっそう鬼となって城普請に打ち込んだのかもしれない。

そんな彼の思いとはうらはらに、築城は難航した。

こういった場合に持ちあがってくるのが、人柱《ひとばしら》だ。多くの城に残っている話だが、松江城の場合は、小泉八雲が『神々の国の首都』の中に書き残しているので、いかにも真実味がある。それによると、踊りの大好きな美しい娘が、石垣の下に生き埋めにされたそうだ。城が完成したあと、町で踊りを踊ってはならないという禁例を出さなければならなかったという。若い娘が踊るたびに、城全体が揺れ動いたからだ。

ほかにも、本丸東側の石垣が積んでも積んでも崩れてしまう。荒神様を祀ったご神木を切った祟りだともいわれ、髑髏《どくろ》まで出てきた。そのため祈禱を行い、ようやく石垣が完成したという言い伝えもある。

そこには二階建ての櫓を建て、引き続き祈禱を行ったので、祈禱櫓と呼ばれた。現在、天守の東隣に跡だけが残っている。まさしく、血も涙も祈りも注ぎ込まれた城だ。

ところが吉晴は、天守が完成した慶長十六年（一六一一）、六十九歳でこの世を去った。まともに悲願の天守を見ることができたのかどうか……。

残った築城作業を現場に立って指揮したのが吉晴の糟糠《そうこう》の妻・大方様《おおかた》だという。

彼女は吉晴との間に、一男二女をもうけた。男子は若くして不慮の死をとげた忠氏だ。じつは、忠氏が亡くなる前年に、次女・小那《こな》姫は病を苦に自殺している。そして、忠氏の死後、長女・勝山殿は、我が子を藩主にしようと、甥《おい》に当たる忠晴殺害を企てて失敗している。

次々と家族の不幸にみまわれた大方様にとって、この城は殺伐としたものではなかったのだろうか。それとも、孫を盛り立てることに生きがいを見いだしたのだろうか。

不気味な竜

先程の『神々の国の首都』の中で、小泉八雲は松江城天守をこう描写している。

〜城は今もお城山の頂に巨大な石を積み重ねた土台から空を背景にそびえ立ち、鉄灰色ひと色の広大で不気味な姿で、何百年も前に初めて建てられた時のまま、どっしりと構えている。このものは異様なまでに厳《いか》めしく、細部がまた怪奇なまでに手が込んでいて、譬《たと》えてみれば巨大な仏塔が二階、三階、四階をおのれの重みで押しつぶし、めり込ませたかのような趣である……（中略）……全身まさに壮大で怪奇な物ずくめの竜とも言うべき代物——それどころか、上下左右ところ嫌わず角という角に漏れなく目をつけた竜だ〜(森亮訳)

その天守を目指して本丸へと続く石段を歩いていくと、南多聞《たもん》櫓と一の門が見えてくる。こちらは厳密な考証に基づく建築ではない。

門をくぐると、真っ正面に現存天守と向き合った。

思わず背筋を伸ばしてしまうような威厳を備えている。八雲は不気味さを感じたらしいが、ほとんどの日本人はそうは思わないだろう。全体に黒い印象だが、よく見ると、三重目は白壁にして華頭窓《かとうまど》（上が尖ったアーチ型の窓）を際立たせるなど、調和のとれたデザインになっている。むしろ、装飾を抑えた端正な姿に、美しささえ感じるのではないだろうか。

入り口に附櫓《つけやぐら》を設けた独特の形。これは防御をかためる目的で、さらに扉には鉄の延板《のべいた》を張っている。壁が、黒い雨覆板《あまおおいいた》で覆われているのでわからなかったが、よく見ると附櫓の前面には隠狭間《かくしさま》（ふたをするなどして外からわからないようにした狭間）がいくつもある。両端には石落《いしおとし》。引き上げ戸にした窓も、明かり取りというより攻撃のためのものだろう。天守の二重目には、一重目の屋根を突き抜けて下を攻撃できる隠石落《かくしいしおとし》まである。

中に入っても徹底ぶりは変わらない。附櫓から天守へと移る壁にまで、鉄砲狭間が切られているのだ。

その奥に井戸がある。ここではっとした。物騒な設備ばかりが目について攻撃的なイメージを抱いてしまったが、城は最後の砦《とりで》。狭間も石落も、じつは守り抜くためのものだといえる。

こうまで厳重にして、何としても守りたかったもの……それは何だったのだろう。もし、「お家」だったとしたら、残念な結果になってしまった。忠晴が三十四歳で亡くなり、跡継ぎがなかったため、堀尾家は断絶となったのだ。

鳥たちの楽園

天守の内部で最も印象的なのは、オブジェのような存在感を持った寄木柱《よせぎばしら》だ。松の柱の外側に、板を添えて寄せ合わせ、金輪で絞めて太くしてある。費用を節約するための苦肉の策だったようだが、このほうが力学的に丈夫だという。松江城独自のものだ。

階段も同じく独自のもので、防火に優れた桐《きり》製。しかも引き上げ可能になっている。

最上階に来ると、四方が広々と開けた。

天守の最上階には、よく廻縁《まわりえん》がめぐらされている。普通は外に張り出しているが、松江城は、これが内部に取り込まれた形になっている。外に張り出した廻縁は、雨ざらしになって傷みやすい。その点でも、理にかなっている。松本《まつもと》城や姫路《ひめじ》城も廻縁を内部に取り込む形をとっているが、松江城の場合は壁がなく、手すりがめぐらされているため、安全で見晴らしがいいのがうれしい。

古木に囲まれた城内……。よく見ると、高い樹上のあちこちに青鷺《あおさぎ》が巣を作っていた。枯れ枝を組み合わせた皿形の巣だが、鶴ほどの大きさの鳥だから、それなりに大きい。よく水辺に一羽だけで突っ立っている姿を見かけるが、卵を抱いているのだろうか、じっとうずくまっている。その横に寄り添うようにもう一羽。別の巣では、餌《えさ》を持ってきたのだろう、羽をひろげて巣に舞い降りようとしている。鳥たちにとっては、子育ての季節でもあるのだ。

そういえばさっき、二の丸下の段で、五、六人の女子高生たちが一本の木を指さして大騒ぎをしていた。

「なに、あれ～」

「ペンギン!?」

たしかに、ペンギンぐらいの大きさの濃紺の羽を持った鳥が、木々の中に十数羽とまっている。五位鷺《ごいさぎ》だ。

緑に覆われた城跡は、野鳥たちの楽園でもある。どこの城跡でも、よく探鳥会が催されている。私も城跡に行くときは、探鳥会ではなくても双眼鏡を欠かさない。

それにしても、真上から鳥の巣を観察できる場所は、あまりないのではないだろうか。

ふと、テレビで見た鸛《こうのとり》の巣立ちのシーンを思い出した。タイミングさえ合えば、青鷺の巣立ちも見ることができるかもしれない。

青鷺のほほえましい姿に気をとられて、すっかりすばらしい風景を見るのを忘れてしまった。宍道湖や松江市街が一望にできるというのに、そのことに気がついたのは、天守を出てからだった。

千鳥城

松江城は、別名・千鳥城《ちどり》と呼ばれる。これを聞いて、「なるほど」と思う人は少ないだろう。千鳥は、小千鳥《こちどり》や白千鳥《しろちどり》などチドリ科の鳥の総称。水辺で見かける、鳩《はと》よりも小さな愛らしい鳥だ。現代の人にはあまりなじみのない鳥になってしまったが、昔の人には親しみのある鳥だったようで、千鳥足、千鳥掛け、千鳥格子《ごうし》、千鳥結びなど、多くの言葉に登場する。

千鳥破風《はふ》もそのひとつだ。

日本建築の屋根には、寄棟造《よせむねづくり》、切妻造《きりづまづくり》、入母屋造《いりもややづくり》などがある。寄棟造は、台形と三角形をふたつずつ組み合わせた屋根。切妻造は、同じ大きさの長方形を山形に組み合わせた屋根。民家に多い。入母屋造は、寄棟造の上に切妻屋根をかぶせたような形で、寺院に多い。城も、ほとんどがこの入母屋屋根になっている。

切妻造や入母屋造では、両端に三角の壁の面ができる。これを破風といった。切妻屋根の破風は切妻破風、入母屋屋根では入母屋破風と呼ばれる。出窓に、入母屋屋根や切妻屋根をつけた場合も同様、それぞれ破風ができる。

そして、屋根の斜面に三角の部分だけをつけたような破風が、千鳥破風だ。千鳥が羽をひろげたように見えるからというが、見た目は入母屋破風とよく似ている。

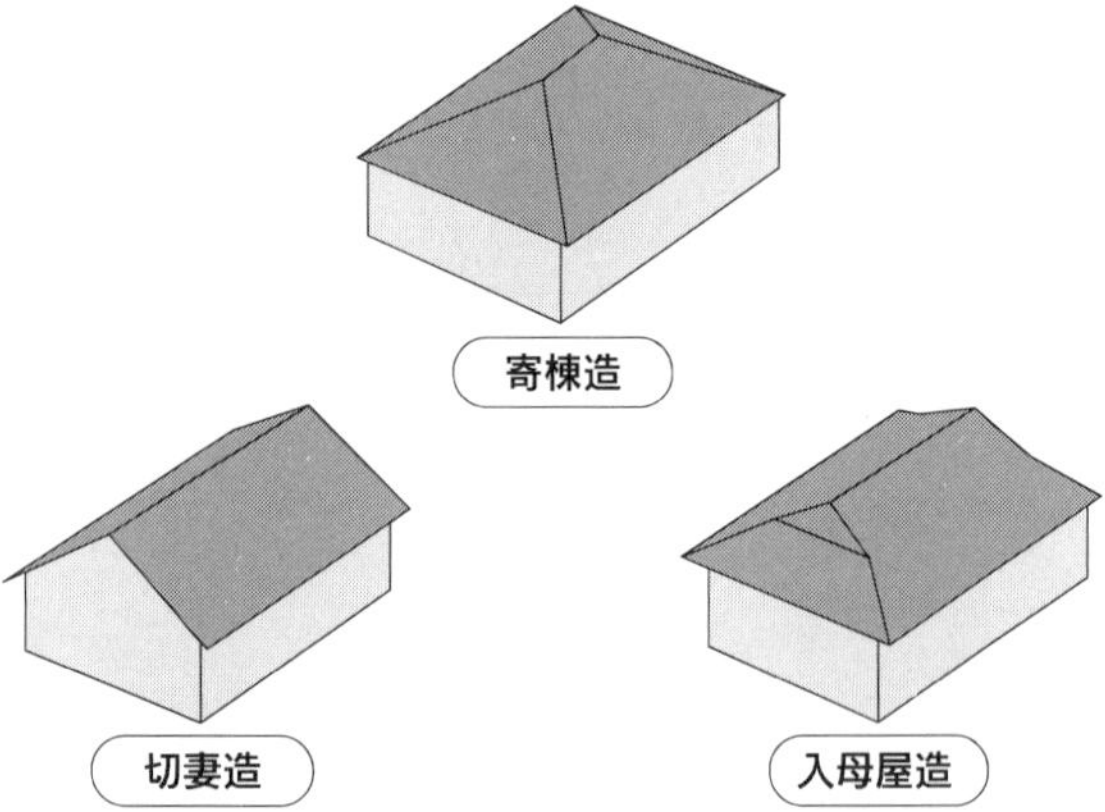

松江城周辺で、

「どうして、千鳥城というんですか」

と聞くと、

「千鳥破風が見事なので、こういうんですよ」

という答えが返ってきた。

だが厳密にいうと、松江城の破風はすべて入母屋破風だ。

こんな句を見つけた。

〜裏となり　表となりて　千鳥飛ぶ〜　（五十嵐播水《ばんすい》）

たぶん、たくさんの破風がさまざまな方向に向かって幾重にも重なっている姿に、千鳥が群れ飛ぶ情景を重ねたのではないだろうか。

古来、千鳥は友や妻を求めて悲しげに鳴く鳥として、歌に詠まれてきた。孤高にそびえる城が、どことなく、寂しげに見えた。

明々庵

　堀尾氏のあとに入封した京極忠高も跡継ぎがなく断絶。家康の孫・松平直政が、松本から国替えとなって、ようやく松江藩は落ち着いた。

　北の丸や椿谷など、まだまだゆっくり見たい場所はあるのだが、ひとまず脇虎口門《わきこぐちもん》跡を出て、内濠の北側の塩見縄手《しおみなわて》を散策する。縄手とは、縄のように一筋に延びた道のこと。ここには中級武士の屋敷が並んでいたというが、今でもその雰囲気を残している。ちょうど真ん中あたりに、異例の出世をして松江藩中老になった塩見小兵衛の屋敷があったので、こう呼ばれるようになったとか。小泉八雲もこの並びに住んでいた。

　濠沿いには、江戸時代からの老木が立ち並ぶ。濠に倒れ込むようになりながらも、緑の枝を伸ばしている。そこはかとなく、遠い時代の空気が流れているようで、やはり松江は初めに思っていたとおりの街だと思った。

　この風情は、松平氏の藩政の間にはぐくまれたものだろう。特に、歴代藩主の中でも名君として名高いのが、松平直政から七代のちの治郷《はるさと》だ。彼は今でも「不昧公《ふまいこう》」と呼ばれる。「不昧」というのは、禅書『無門関《むもんかん》』の「不落因果・不昧因果」からとった号だという。因果は、原因と結果の法則。因果に落ちない（とらわれない）、因果を味《くらま》さない（曖昧《あいまい》にせず従う）

……。三年にわたる厳しい禅の修行ののちにこの号を与えられた彼は、逼迫《ひっぱく》した藩の財政を立て直すために藩政改革を行った。それ以上に、茶人としても有名だ。その影響で、松江では今でも茶の湯が盛んだと聞いた。

塩見縄手のはずれの坂道をのぼると、彼が建てた茶室「明々庵《めいめいあん》」がある。茅葺《かやぶき》の入母屋屋根の背後は谷になっていて、鶯《うぐいす》が囀《さえず》っていた。同じ敷地にある「百草亭《ひゃくそうてい》」で抹茶をいただく。時間が止まったような静かなひとときだ。

最後の藩主となったのは、不昧公から三代のちの定安《さだやす》。彼は大いに時代の波に翻弄されたようだ。幕府の命に従って長州征伐に参加し、鳥羽伏見の戦いでも幕府軍として参戦しようとしたものの、右往左往しているうちに態度を変え、勤王の意思を表して明治維新を迎えた。振りまわされたのが却ってよかったようだ。これもある意味、不昧因果といえるのかもしれない。

城の背中

廃藩置県の際、城は県に譲渡された。三の丸の島根県庁は、このとき以来ずっとここにあることになる。やがて陸軍省の管轄となったが、明治八年（一八七五）、民間に払い下げることになり、城は入札にかけられたのだった。

じつは、入札にかけられた城は松江城だけではない。この時期、多くの城が落札され、取り壊されている。現存天守の中でも、姫路城、松本城、丸岡城も一度は落札された城だ。

松江城の落札価格は、櫓が四〜五円、天守は百八十円。米百俵分だったという。一俵が六十キログラムだから、六千キログラム。乱暴な計算だが、現在の米一キロの小売価格を四百円として換算すると、天守の落札価格は二百四十万円になる。信じられない値段だが、これでも高いほうかもしれない。明治六年（一八七三）の姫路城天守の場合は二十三円五十銭だった。

せっかく戦乱にも巻き込まれず残った城だというのに、落札された櫓や門は、次々と解体されていった。それを嘆いた豪農・勝部本右衛門や旧藩士・高城権八らが奔走し、百八十円を献納して天守だけは救われた。

明治二十七年（一八九四）の天守の古写真が残っている。老朽化により、壁は崩れ、瓦は落ち、やっとのことで建っているという感じだ。その後、解体修理が行われ、天守はようやくかつての雄姿を取り戻した。

明々庵の入り口に城見台がある。目の前に、緑滴る城山の森。その上に天守がのっかっている。威圧的にさえ思えたのに、心なしか小さく見えた。ここは城の北側にあるので、背面を見ていることになる。そう、天守の背中を見ているのだ。

男の背中には哀愁がただようということを聞いたことがあるが、天守にもそれがいえるような気がした。戦うために生まれてきたのに、もう戦わなくてもよいといわれ、どんな顔をしていいのかわからない。心のよりどころになっているではないかといわれても、素直に喜べず、ふんぞり返っているだけ……。そんな不器用な男性像が重なって、いとおしく思えてくる。だからこそ、城はずっとこのままであってほしい。背中に哀愁がただよう男性も、少なくなったことだろうから。

蓴羹鱸膾

松江城の内濠は、遊覧船に乗って一周できるようになっている。松並木や、建ち並ぶ武家屋敷を眺めながら、船に揺られてみた。濠には真鴨《まがも》や軽鴨《かるがも》が泳いでいる。傾きかけた初夏の陽射しが水面にきらきらと躍っている。

新しい城主が、地名を改めるということは、よくあることだ。有名なところでは、織田信長が井ノ口を岐阜に変えている。

松江もそうだ。それまで末次《すえつぐ》、白潟《しらかた》と呼ばれていた地域一帯を、堀尾吉晴が築城に伴って松江に改めたという。中国の松江《しょうこう》の地に似て、風光明媚《ふうこうめいび》である上、鱸魚《ろぎょ》（スズキ）と蓴菜《じゅんさい》を産するからという理由だ。

中国の松江は豊かな水に恵まれ、鱸と蓴菜の産地でもあったそうだ。『晋書』（中国の歴史書）には、こんな故事が残っている。才能を見いだされて高官の地位にまで上り詰めた張翰《ちょうかん》が、故郷・松江でいつも食べた鱸の膾《なます》（刺身《さしみ》）と蓴菜の羹《あつもの》（熱い吸い物）の味が恋しくなり、ついに辞職してふるさとで暮らしたというものだ。

この故事から、「蓴羹鱸膾《じゅんこうろかい》」は、ふるさとの味、あるいは望郷の念がおさえがたいことをあらわす言葉になった。

名前というものは、つけた人の思いが託されるものだ。「岐阜」は、周王朝の創建者・文王《ぶんおう》が決起した岐山《きざん》の「岐」と、孔子が生まれた曲阜《きょくふ》の「阜」をとって名づけられたという。この地を拠点に天下も思想も支配しようという信長の意志があらわれているようだ。

松江とつけた吉晴の気持ちはどうだったのだろう。

傷を負い、六十を過ぎてやってきた土地だ。「終《つい》の棲家《すみか》」という思い入れもあっただろう。もとより神々のふるさと。そして、誰もが遠くにあっても恋しく思う場所にしようという願いが込められているのかもしれない。

今日は松江に一泊する。松江といえば蜆《しじみ》だが、蓴菜のおすましと鱸のお造りが食べたくなった。今夜の夕食には出るのだろうか。

3——丸岡城

福井県坂井市

丸岡城
一筆啓上茶屋
券売所
歴史民俗
資料館
天守
本 丸
N

古城日和

城に行く日に、雨が降ればいいと思う人はいないだろう。

だが丸岡城の場合は別だ。ここの瓦は、石瓦。それも普通の石ではない。福井市足羽山《あすわやま》で採石される笏谷石《しゃくだにいし》だ。きめ細かく加工しやすいので、福井に残る古い石造物の多くは笏谷石で造られている。丸岡城だけでなく、北庄《きたのしょう》城も同じ石瓦で葺かれていたらしい。寒暖の差が大きいこの地方では、焼き瓦では長持ちしない。そのための工夫だ。

もともと青みを帯びている笏谷石だが、雨に打たれるといっそう深い色になるという。その風情を味わいたくて、わざわざ梅雨のさ中に行くことにした。朝、起きてみると、どんよりとした曇り空。これは期待できそうだ。

北陸自動車道の丸岡インターチェンジに近づいたあたりから、もう天守が見えてきた。真っ青な空を背景に天守を写した写真をよく見るが、古城には灰色の空のほうが似合うのかもしれない。空と溶け合って、そこだけ過去の時空の中に息づいているように見えてくる。

そういえば、丸岡城は別名・霞ヶ城《かすみがじょう》という。その昔、戦があるたびに大蛇があらわれ、一面に霞を吹いて城を隠したという伝説から、こう呼ばれるようになった。

なるほど、霞もいい。これはいつの話かわからないが、いかにも丸岡城にふさわしい伝説だ。

現存天守台上端からの高さ

姫路城	約31.5m
松本城	約25m
松江城	約22.4m
松山城	約20m
高知城	約18.5m
犬山城	約18m
宇和島城	約15.7m
彦根城	約15.5m
丸亀城	約14.5m
弘前城	約14.4m
丸岡城	約12.6m
備中松山城	約11m

第一あまりにも大きい建物だと、霞に隠れるなどというのは嘘《うそ》っぽい。その点、丸岡城の天守は二重しかない。高さが約十二・六メートル。天守台を入れても十八・六メートルほどだ。小さいというだけでなく、妖怪でも住んでいそうな古めかしさで、すっぽりと霞に包まれても不思議ではない雰囲気を丸岡城は持っている。

そんなことを考えているうちに、城が建っている丘の麓《ふもと》の駐車場に着いてしまった。丘は、継体《けいたい》天皇の第二子・椀子皇子《まりこのみこ》（まるこのみこ）がここで生まれたことにちなんで、椀子の丘と呼ばれる。「丸岡」という地名もこれが変化したものだ。

車を降りて空を見上げると、おやおや、雲の絶え間から陽が射し始めているではないか。まだ心のどこかで雨を期待しつつも、曇ってもよし、晴れてもよし、今日の古城日和《びより》を楽しむことにした。

お静の涙雨

天正三年（一五七五）、織田信長は、越前の一向一揆《いっこういっき》を制圧した。一揆の本拠となったのは、ここから四キロメートルほど東にある豊原寺《とよはらでら》。古い歴史を持ち、数百坊を数えるほどに栄えた寺だが、比叡山《ひえいざん》などと同様、ことごとく焼き払われた。逃げ隠れた者も徹底的に捜し出し、容赦なく処刑するほどの過酷さだったと伝えられる。

平定後、越前の支配を命じられたのが柴田勝家だ。勝家は北庄に壮大な城を築き、豊原の地を甥《おい》の勝豊《かつとよ》に治めさせた。勝豊は勝家の養子でもある。なかなか子ができなかった勝家は、姉と、柴田家の老臣・吉田次兵衛との子である勝豊を養子にしていた。

勝豊はまず豊原寺跡に城を築いたが、翌年、交通の便がよい丸岡の地に移って、築城したのだった。

天正十年（一五八二）、本能寺の変後の清洲《きよす》会議で、信長の遺領が分配され、柴田勝家は新たに北近江・長浜城を得た。勝豊は、その長浜城を任されることになり、丸岡を去った。

ところで、勝家の甥といえば、佐久間盛政《さくまもりまさ》が有名だ。勝家の片腕として、合戦のたびにはなばなしい活躍をしている。その点、勝豊はぱっとしない。

やがて勝家に実子・権六《ごんろく》が生まれて跡取りの資格を失い、佐久間盛政が重用されるにつけて、勝家との間に確執が生まれていったようだ。

一揆後で難しい情勢の豊原を任せたことといい、重要な拠点である長浜の城主にしたことといい、やはり勝家は、勝豊を信頼していたのかもしれない。

だが勝豊は、秀吉に長浜城を攻められると、簡単に明け渡し、さらに勝家を裏切って秀吉に加勢した。開城後、すぐに病に倒れ、賤ヶ岳《しずがたけ》の合戦の五日前にこの世を去ったので義父への裏切りは目立たないが、勝家の滅亡を早めた大きな原因のひとつだろう。清洲会議のあと、勝家は信長の妹・お市の方と結ばれたが、それから一年も経たないうちに、生涯を閉じなければならなくなったのだ。

もうひとつ、勝豊の評価を下げる逸話が、丸岡城に残っている。

天守台の石垣が積んでも積んでも崩れるので、例にもれず、人柱をたてることになった。選ばれたのは、ふたりの子をかかえて苦しい暮らしをしていたお静という女性。彼女は、子どもを侍《さむらい》に取りたててもらうという条件と引き換えに、天守の中柱の下に埋められた。やがて天守は立派に完成したが、勝豊は長浜に移ってしまい、お静の願いはかなえられなかった。

城の竣工が天正四年（一五七六）。それから長浜に行くまで六年ある。にもかかわらず、約束を反故《ほご》にしたのだから恨まれても仕方ないだろう。

毎年、濠の藻刈《もか》りをする卯月《うづき》（旧暦四月）になると、雨で濠の水があふれるという。人々はそれを、お静の涙雨と呼んであわれみ、小さな墓を建ててなぐさめた。藻刈り歌も残っている。

〜ほりの藻刈りに降るこの雨は、いとしお静の血の涙〜

現存天守の竣工年

	創建年	備　考
丸岡城	1576年? (1613年説も)	1948年福井大震災で倒壊、1955年再建
松本城	1593年	1593年は乾小天守のみ。大天守は1615年
犬山城	1601年?	
彦根城	1607年	
姫路城	1609年	
松江城	1611年	
丸亀城	1660年	
宇和島城	1666年	1601年、最初の天守完成、のちに建て直した
備中松山城	1681年	
高知城	1749年	最初の天守は1603年に完成したが、1727年焼失
弘前城	1810年	最初の天守は1611年に完成したが、1627年に落雷で焼失
松山城	1854年	最初の天守を1642年改築、1784年に落雷で焼失

一筆啓上

駐車場の奥にすぐ、天守へと続く階段がある。両脇に青葉を茂らせているのは桜の樹だ。春には、丘全体が花霞に包まれることだろう。

その階段に沿って、『日本一短い手紙・一筆啓上賞』の入選作がずらりと掲示してあった。

〜一筆啓上　火の用心　お仙泣かすな　馬肥やせ〜

本多《ほんだ》作左衛門《さくざえもん》重次《しげつぐ》が、長篠《ながしの》の戦いの陣中から妻に送った手紙だ。この手紙にちなんで、丸岡町が平成五年（一九九三）から毎年行っているのが『一筆啓上賞』。四十文字以内の短い手紙が、海外からも含めて数万点届くという。

階段は、普通にのぼれば数分だが、一作品ずつ読みながらゆっくり歩いていくと、結構時間がかかる。思わず顔をほころばせたり、なるほどとうなずいたり、ほろりと涙がこぼれそうになったり……。短い言葉の向こうに、さまざまなドラマがある。

歴史には、ほんの一部の人物しか浮かびあがってこないが、その陰には、数え切れない人々の人生があったはずだ。城もそれらの人々の泣き笑いによって支えられていた。そう思うと時代は全く違うが、城下の人々の心をくみとりながら、城にのぼっていくような気がしてきた。

柴田勝豊のあと、丸岡城主はめまぐるしく変わる。やがて寛永元年（一六二四）、丸岡藩ができ、北庄城の支城だった丸岡城は藩主の居城となった。その最初の藩主が、本多成重《ほんだなりしげ》。本多作左衛門の嫡男である。手紙に「お仙」と書かれていた仙千代《せんちよ》（成重の幼名）だ。

私が「一筆啓上」の手紙を初めて知ったのは、中学生のころだっただろうか。簡潔明瞭で、必要なことをすべて述べてある手紙のお手本として習った覚えがある。たしかに簡潔明瞭だが、「私が彼の妻だったら、こんな手紙もらってもうれしくないな」と思ったものだ。「一筆啓上（一筆申し上げます）」と、丁寧な手紙の書き出しをしているわりには要件ばかりで、これは単なる伝言ではないか。火の用心、子どもの面倒をよく見ろ、馬の世話を怠るな……。どれも大事なことだが、当たり前のことでもある。日常の心得として、いつも口にしている言葉ではなかったか。わざわざ陣中から書き送るようなことだろうか。今でもつっこめばキリがないのだが、ここで本多作左衛門の人となりを思い浮かべた。

鬼作左

戦国時代、鬼という言葉は必ずしも悪い意味ではない。人並みはずれた勇猛さ、厳格さ、豪放さ……。むしろほめ言葉だ。

本多作左衛門重次もまた、鬼作左と呼ばれていた。彼は、徳川家康の祖父の代から仕えている忠臣。出仕したのは七歳のときからだという。

天正十二年（一五八四）、小牧・長久手の戦いで秀吉と和睦した家康は、次男・秀康を人質として差し出した。お仙こと本多成重も秀康に従って大坂城に送られている。翌年、秀吉側から、生母・大政所《おおまんどころ》が人質として岡崎城に送られてきた。そのときの城代が作左衛門だ。彼は、大政所の寝所のそばに薪《たきぎ》を積んで、大坂で何かあればすぐに焼き殺すぞという態度で接した。このことが秀吉の怒りをかい、蟄居《ちっきょ》を命じられている。家康にさえも、歯に衣《きぬ》着せず意見する頑固者だったらしい。

そんな作左衛門のことである。

一筆啓上と書きだしたものの、何と続けていいのかわからない。長篠の戦いは天正三年（一五七五）だから、仙千代はまだ三歳。幼いお仙のことが気になって仕方がないのに、気がきいた言葉が浮かばない。窮《きゅう》した挙句《あげく》、いつも口にしている言葉を書いた。そんなところではないのだろうか。それでも手紙を届けたかったのだ。戦場にあって自分が無事なこと、城や子どもを気にかけていることを伝えたかったのだ。

そう思ったとき、手紙を読んで「あの人らしい……」と微笑《ほほえ》む妻の顔が見えてきた。彼が本当に伝えたかったことは、短い手紙の行間にある。むしろ要領を得ない手紙といったほうが正しいかもしれない。

だが、私信ともいえるこの手紙が後世に残ったのは、彼の妻が愛情の証として大切にとっておいたからではないのだろうか。

そんな両親のもと、成重は立派に成長した。父の名に隠れて取り上げられることは少ないが、大坂夏の陣では真田幸村の軍を破り、大坂城攻撃一番乗りの手柄をたてている。藩主となっては、丸岡城下の整備に力を注ぐなど、文武両面に秀でた武将であったことが『徳川実紀』などの資料からうかがえる。

裸城

階段をのぼりきって左に曲がると、券売所がある。さっきからちらちらと見え隠れしている天守の屋根瓦が気になったので、窓口の女の人に尋ねてみた。

「昨日は雨が降ったんですか」

「ほやねぇ、少し降ったかねぇ」

「やっぱり、色が変わりますか？」

「うーん……。まあ、いつもよりちょっと青いような気がするけど……」

彼女は首をかしげながらも、大らかに微笑んだ。

緑がいきいきとしているのは、前日の雨のせいだろうか。紫陽花《あじさい》が、鮮やかな薄紫の色を添えていた。

丸岡城は、本丸を残すのみで、江戸時代の面影は失われている。かつては五角形の幅広い内濠に囲まれ、二の丸、三の丸を備えた堅固な城だったが、今では裸城《はだかじろ》（櫓や塀など防御の備えを失った城）の状態だ。

丸岡藩は、四代続いた本多氏がお家騒動で領地没収になったあと、有馬氏が引き継ぎ、そのまま幕末を迎えた。

最後の藩主は有馬道純《みちずみ》。幕府の要職を歴任し、老中職まで務めた人物だ。だが戊辰戦争が始まると、いち早く新政府軍に従っている。若年寄《わかどしより》のとき、外交を担当する外国掛《がいこくかかり》を経験したこともあって、最前線で時代の移り変わりを感じていたのかもしれない。

明治五年（一八七二）、丸岡城もまた競売にかけられ、櫓、門など、残っていた建物はすべて払い下げられた。このときの天守の落札価格は、米俵四俵分に相当する三両二分。土蔵が五十一両、物置小屋が八十八両だったというから、驚くほどの安さだ。

建物はすべて取り壊された。にもかかわらず、天守だけはそのまま放置され続けた。福井新聞の記事によると、石瓦のせいではないかという。あまりにも大きくて重いために、どうすることもできなかったのだろう。たしかに、平瓦一枚で十五キログラム。鬼瓦は三十七キログラム。普通、民家に使われている桟瓦《さんがわら》なら一枚二・六キログラム程度だというから、相当な重さだ。

やがて、五十両で、天守を買い戻した人物があらわれた。城の麓にあった宿屋の主人・南保治平ら四人だ。彼らは城を守るために、大金を出し合ったという。そして、明治三十四年（一九〇一）、南保岩次（治平の子）、吉川勘助、中野吉平、長侶市郎左ェ門ら四人によって、丸岡町に寄贈された。

野面積み

天守はどっしりとした風格をそなえて、そこに建っていた。

櫓でも三重のものがあるほどだから、二重では物足りないだろうと思うかもしれないが、そんなことはない。どう見ても天守だ。

現存天守中、最古のものといわれる。

だがそれは、柴田勝豊が天守を創建したとしての話だ。じつは『柴田勝家公始末記』に築城したという記録があるだけで、天守のある城だったかどうかは不明なのだ。たとえ天守があったとしても、現在の天守と同じものかどうかはわからない。今では本多成重のころに建てられたものではないかという説が有力だ。

しかし、どちらにしても古いものに変わりはない。専門的なことはわからなくても、その重々しさは伝わってくる。

まず、何も塗っていない素木《しらき》のままの部分が印象的だ。外壁、出格子窓《でごうしまど》（格子になった出窓）を兼ねた石落《いしおとし》、廻縁《まわりえん》……。

もともと天守は、大きな入母屋造の建物の上に、望楼《ぼうろう》（物見櫓《ものみやぐら》）をのせたのが始まりだった。現存天守のうち、半分までが望楼型なのだが、望楼をのせている基部《きぶ》や望楼部が二重以上になり、多くの破風《はふ》が取り付けられ、構造を複雑に見せている。その点、丸岡城の天守を見ると、本来の成り立ちがよくわかる。

天守台の石垣がまた、素朴な野面積《のづらづ》みだ。ふつう「野面」は、文字どおり野原の表面をさす言葉だが、この場合は野面石をさす。山から切り出したままで加工していない自然石のことだ。時代がすすむにつれて、加工の度合いを増していくわけだから、この天守台も古さを物語るものだ。

天守台の上にぽっかりと開いた入り口に向かって、まっすぐに石段が延びている。城の入り口がこんなに開放的になっているのはおかしいと思ったら、本来の形ではなかった。

寄贈されるとすぐ、荒廃した天守は修復することになる。その費用は千円強。これも有志が出し合ったという。

石段はその二年後に付け替えられた。かつては、向かって右側からのぼり、右に折れて入り口へと続くようになっていたそうだ。

天守倒壊

石段をのぼろうとすると、かたわらに、石の鯱鉾《しゃちほこ》が二体、出迎えるように並んでいるのに気がついた。漫画にでも出てきそうな、面白い顔をしている。

鯱鉾は、宮殿や仏殿などの大棟《おおむね》の両端についている鴟尾《しび》が発達したものだといわれるが、「鯱」そのものは、もともと想像上の動物だ。体は魚、頭は虎（こちらも当時は想像上の動物）に似て、背に鋭いとげがあり、尾は天に向かって反り返る。波をおこし、雨を呼ぶところから、火除《よ》けの呪《まじな》いとして天守の屋根を飾るようになった。

城は火に弱い。落雷、放火などで、多くの天守が燃えてしまった。本多作左衛門が、「一筆啓上」のあとに、まず「火の用心」としたためたことが思い出される。

その点丸岡城は、鯱鉾に守られ、火の用心を心がけ、戦火にまみえることもなくもちこたえてきた。

だが昭和十五年（一九四〇）には、三年がかりで解体修理をしている。折しも日中戦争のさ中。この時期に修理をしなければならないほど損傷が激しかったのだろう。地元負担分は三万円余り。昭和十四年の東京での消費者米価が十キログラムあたり三円二十五銭というから、現在の米一キロを四百円として換算すると、ゆうに三千万円を超える。

なんと、この費用も一個人の私財でまかなわれた。丸岡町出身で、北海道の小樽で海産物や造船業などの事業を営んでいた荒田太吉。彼は町長から懇願され、町への恩返しだと言って、ひとりで修理費用全額を引き受けたというのだ。

それまでの鯱鉾は、木彫銅板張りだった。だが当時は、銅が入手しにくいご時世、やむなく笏谷石で造った。そのときの鯱鉾が、この二体だ。

それがなぜ、石段の脇にあるのか？

解体修理から八年後の昭和二十三年（一九四八）六月二十八日十六時十三分。マグニチュード七・一の直下型地震が北陸地方を襲った。福井大地震だ。震源地は丸岡町付近。

天守も一瞬にして倒壊した。長い歴史の中で焼失することはなかった天守も、地震にはなす術《すべ》もなかった。

石段脇に飾られている鯱鉾は二体とも、尾がない。このとき崩れ落ちたものなのだ。

昭和の人柱

天守の内部は三階になっている。外見と同じく、中も簡素だ。それにしても、急な階段がつきものの天守とはいえ、段差の大きさと傾斜においては、丸岡城が一番なのではないだろうか。天井から綱がつるされているので、それをたよりにゆっくりとのぼっていった。こんなとき、昔の人の身軽さをつくづく思い知らされる。

最上階はそれほど高くないのかと思ったら、そんなことはない。はるかに見渡す福井平野……。その大部分が家々で埋め尽くされている。

福井地震の死者は三千七百六十九名、倒壊家屋三万六千百八十四戸、焼失家屋三千八百五十一戸。阪神大震災の記憶がよみがえってきた。このあたり一帯も瓦礫の町になっていたことだろう。

悲しみを背負いながら人々は立ち上がり、こうして町を再建していったのだ。

震災後の丸岡城の写真が残っているが、石垣もろとも崩れている。神戸でも、生田神社など、屋根の重みに耐えきれずにぺしゃんこになってしまった建物をいくつも見た。

遠くを見ていた目を手前に移すと、二重目の屋根の石瓦がよく見える。ところどころ青さが違って独特の風合いだ。石瓦で葺いた屋根の総重量は百二十トンという。これではひとたまりもない。

震災当時の町長は、七十八歳の友影賢世《ともかげけんせい》。彼は町の復興を推し進めるかたわら、なんとかして丸岡城を再建したいと願った。だが、町民が必死で生活を立て直そうとしているときに、天守どころではないだろうということで、相手にされなかったという。

たしかに、そうかもしれない。しかし、彼はあきらめなかった。東京の文化財保護委員会に足を運ぶこと十回以上。「もはや来てくれるな」と言われても、通い続けたのだ。そのときの思いを彼自身が記した文が、屛風となって残されている。彼にしてみれば、焼けて灰になってしまったのならともかく、資材が残っている以上このまま朽ちさせてしまってはならないという思いだった。

その執念がついに通じた。昭和二十六年（一九五一）、「それほど熱意があるならば、再建費用の半額を地元で負担できるか」と言われたのだ。半額といっても、被災した町にめどはない。だが、彼は即座に「できます」と返事をした。そして、全国をまわり、募金を集め、ようやく再建工事にとりかかることができたのだ。

着工にあたって、彼は白装束に身を清め、地下十五尺（約四・五メートル）の中心礎石の下に自ら入った。そして、自分の写真を人柱の身代わりとして埋めた。先祖伝来の刀剣一振りと、誓いの書一巻もいっしょに。
誓いの書には、幾千の末代までもこの城を守り伝えんとの決意が書かれているという。

絆

昭和三十年（一九五五）、天守の復旧工事が完了した。倒壊する八年前に解体修理をしているので、詳細な資料が残っていたことが幸いし、すっかりもとどおりの姿に再建することができたのだ。このとき鯱鉾は、解体修理以前の木彫銅板張りに復元して、天守にあげた。お役御免となった石製の鯱鉾は、観光客の出迎えと震災の傷跡を伝える新たな役目を担って、石段の脇に控えているというわけだ。

急な階段は、下《くだ》りがいっそう怖い。綱を持っても揺れるので、へっぴり腰でこわごわおりていった。

本丸の西側にも石段がある。こちらの道のほうが、草木が鬱蒼《うっそう》と茂り、古城にふさわしい趣だ。そのまま町に出てみた。

空はすっかり晴れている。

町を流れる田島川が、外濠の名残だと聞いた。せせらぎに耳をすましながら、のんびりと川沿いの道を歩いていく。川は民家の間を縫うように流れていた。すうっと羽黒蜻蛉《はぐろとんぼ》が飛んできて、目の前の木の葉にとまった。神様蜻蛉と呼ぶ地方もあるらしい。まるで呼吸をするように、漆黒の羽を開いたり閉じたりしている。昔は夏の水辺の風物だったというが、今ではすっかり珍しくなってしまった。だが、この町ではそうではないのかもしれない。

明治になってからも、何度も危機を迎えた丸岡城。そのたびに、町の人々の中から、救世主があらわれた。まるで、昔、霞を吹いて城を守った大蛇の化身のようだ。

明治三十四年（一九〇一）に修復工事をしたときの古写真が残っている。周囲に木の足場が組まれた城。石垣の前には、羽織袴《はおりはかま》姿の男たちが十数人、仁王立ちになって正面を向いている。屋根にのって作業をしている者もいる。みんな合戦に赴《おもむ》く武士のように不敵な表情だ。ひとりひとりが、「城はわしが守ってやる」といわんばかりの面構えをしている。

いつの時代にも、こういった気概を持った人が、この町にはたくさんいたのだろう。その意気込みに城は守られてきた。

ここでは道に迷ったとき、自然と天守を探すそうだ。たしかに、町を歩きながら、視線を上にめぐらすと、必ず城が見える。まるで、見守られているようだ。

お互いに守り、見守られ……。そうやって、町の人々と城とは、絆のようなもので結ばれてきたのだろう。もはや城はだれのものでもない。みんなのものだ。そして、きっとこれからも、この絆は、受け継がれていくことだろう。

4――宇和島城

愛媛県宇和島市

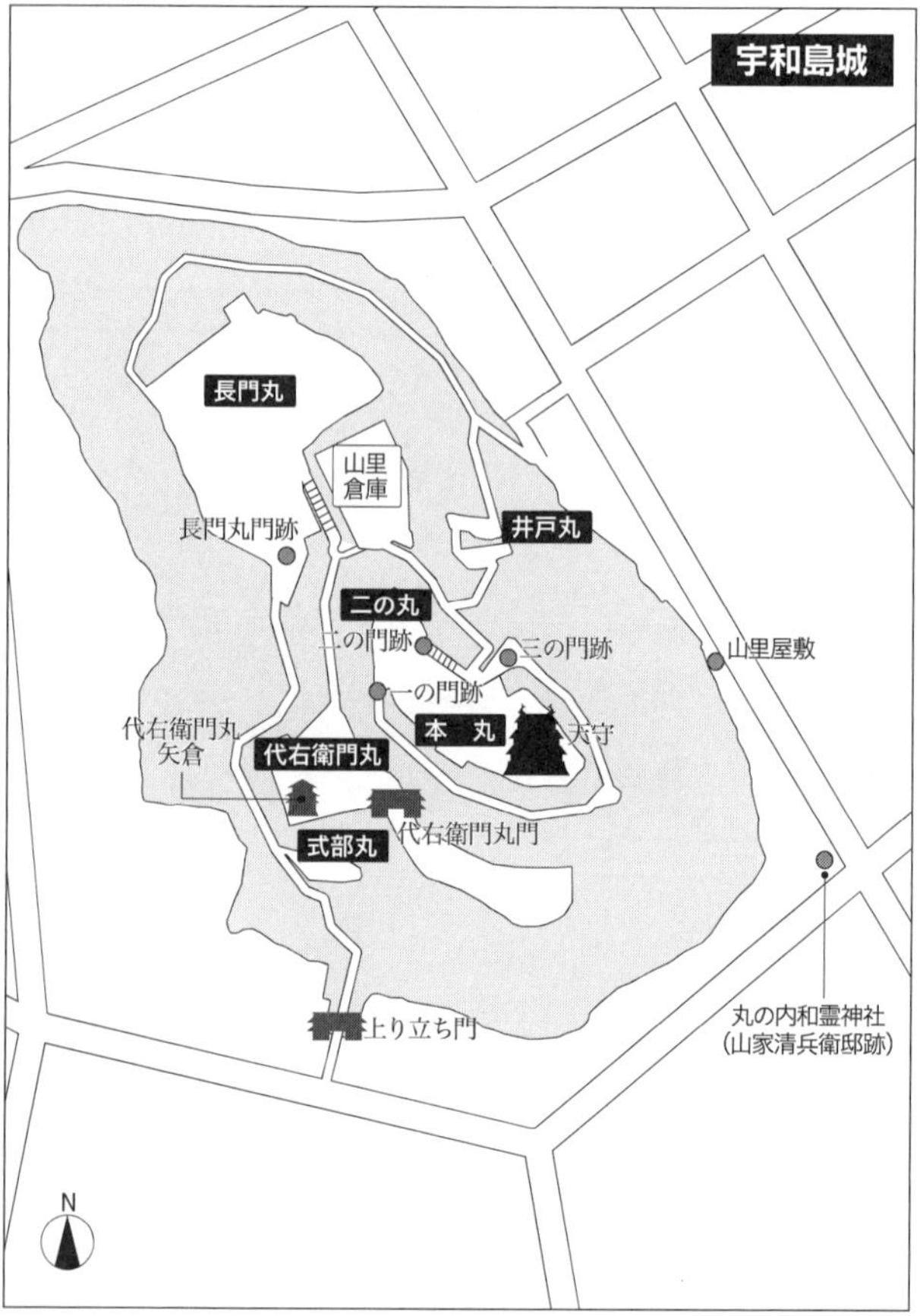
宇和島城
長門丸
山里
倉庫
長門丸門跡
井戸丸
二の丸
二の門跡
三の門跡
山里屋敷
一の門跡
本　丸
天守
代右衛門丸
矢倉
代右衛門丸
代右衛門丸門
式部丸
丸の内和霊神社
(山家清兵衛邸跡)
上り立ち門
N

城山散歩

城は、大別して山城《やまじろ》、平山城《ひらやまじろ》、平城《ひらじろ》の三つに分類される。文字どおり、高い山上に建つ城が山城。平地にある城が平城。その中間が平山城というわけだ。比高がだいたい百五十メートル以上のものを山城というようだが、厳密に高さの基準が定められているわけではない。とくに、平山城の範囲はずいぶん広い。現存天守のある十二城も、松本城（平城）と備中松山城（山城）を除く十城が平山城だ。

中でも手ごろな高さの城山は、格好の散歩コースになっている。標高八十メートルの宇和島城もそうだ。天守に入れるのは朝九時からだが、城内は六時から開放されている。

「早く開くんですね」

電話で時間を問い合わせたときに、聞いてみると、

「散歩に来られる方がいらっしゃいますので」

という答えだった。もっとも、たいていの城は、有料区域以外は二十四時間開放となっている。毎朝、城内を散策場所にしている人も多いことだろう。

神戸から宇和島まで、どの交通手段をとろうかと迷っていたら、直通バスが出ていることがわかった。夜行で行くと、朝六時四十分に城のすぐそばのターミナルに着く。それなら、その

現存天守の標高

	高さ 約(m)	形　式
備中松山城	480	山　城
彦根城	136	平山城
犬山城	80	平山城
弘前城	46	平山城
宇和島城	80	平山城
丸亀城	66	平山城
姫路城	46	平山城
高知城	44	平山城
松山城	132	平山城
松江城	28	平山城
丸岡城	17	平山城
松本城	—	平　城

まま朝の散歩を楽しめばいい。そう思って、夜のバスに乗り込んだ。

「まもなく宇和島バスセンター到着です」

アナウンスが聞こえたときには、空はすでに明るかった。市街地を走っているが、もう窓から天守が見える。眠れたのか眠れなかったのかよくわからないまま、バスを降りた。さすがに風が冷たい。さわやかな朝の風に吹かれながら城山を散策するには夏がいいと思っていたのだが、予定が早まって三月になったのだ。その分、眠気も吹っ飛んでしまった。

ターミナルにほど近い入り口には、長屋門が建っている。長屋門は、江戸時代の武家屋敷によく見られる門だ。門の両側が長屋になっていて、そこに使用人が居住していた。

ここにあるのは、家老・桑折《こおり》家の長屋門を移築したもの。つまり、本来の城門ではない。しかも、この場所に追手門があったわけでもない。

昭和二十年（一九四五）まで残っていた追手門は、太平洋戦争の本土空襲で焼失してしまった。古写真で見ると、立派な石垣の上に渡櫓《わたりやぐら》がのった重厚な門だ。現在、追手門があった場所には、大きな岩の石碑が建っている。それも居酒屋の壁に埋もれんばかりで、かろうじて名残をとどめているといった感じだ。

宇和島の街を焼け野原にしてしまった空襲。だが、天守と、搦手《からめて》近くの上《のぼ》り立ち門だけが奇跡的に残ったのだった。

残された自然

昭和二十年まで、現存天守は二十あった。そのうち、松前城（北海道）だけは、昭和二十四年（一九四九）の失火で焼失したのだが、あとの七城は、太平洋戦争で失われている。水戸城（茨城県）、大垣城（岐阜県）、名古屋城（愛知県）、和歌山城（和歌山県）、岡山城（岡山県）、福山城（広島県）、広島城（広島県）。多くの尊い命とともに、これらの天守も消えてしまったのだ。戦火をかいくぐって今もそびえる天守が、いかに強運か、改めて思い知らされる。

さて、長屋門の前の石段をのぼったところに、立て札があった。天守へのルートが、井戸丸経由と、児童公園経由のふたつに分かれている。井戸丸経由のほうが天守への最短距離なのだが、登閣時間にはまだ早い。まずは城山全体をすみずみまで歩いてみようと、舗装されたゆるやかな坂道をたどることにした。

石垣を豆蔦《まめづた》がびっしりと覆っている。石垣の上の斜面からも、樹々がかぶさるように枝を伸ばし、緑のトンネルを作っていた。

ここの植物は、少なくとも三百年以上、火災、伐採を免れ、ほとんど手つかずのままの状態だという。松山城と並んで、愛媛県の鳥獣保護区にも指定されている場所だ。陽が射していてもほの暗い道は、全く違う時間軸で息づいているように思えた。

地面には羊歯《しだ》などの草が生い茂り、あちこちに、武蔵鐙《むさしあぶみ》という植物が群生している。グロテスクともいえる草で、大きな三つ葉の陰に、黒紫色の蛇《へび》の頭のような仏焔苞《ぶつえんほう》と呼ばれる部分が頭をもたげていた。とはいえ、鐙とは馬に乗るときに足をかける道具。昔、武蔵の国で作られた鐙に似ていることから、この名がついたそうだ。ふと、騎馬武者たちが戦場を駆け抜ける情景が頭をよぎった。

現在、児童公園になっているところは、かつて長門丸《ながとまる》と呼ばれていた場所だ。

さすがにまだ人影はない。一番乗りの私を、小鳥が出迎えてくれた。山雀《やまがら》だ。黒い頭に白い頰《ほお》、灰色の羽。お腹《なか》の鮮やかな橙《だいだい》色が木の葉の緑によく映える。そのうち枝に何やら蚯蚓《みみず》のようなものを打ちつけて食べ始めた。市街地にある城山は、数歩踏み入っただけで豊かな自然に恵まれた別世界になる。毎日こんなところを散歩できる人がうらやましい。

搦手方面へ降りていけば、代右衛門《だいうえもん》丸、式部《しきぶ》丸。高い石垣に沿った石段をのぼれば、藤兵衛《とうべえ》丸。それぞれ、当時の名前だけが残っている。

藤兵衛丸跡には、三の丸にあった山里倉庫が移築されていた。もともと武器庫だったというが、今では城山郷土館として、民俗資料や古写真などが展示されている。在りし日の追手門や、明治期の宇和島城の写真を興味深く見た。

そのまま二の丸に向かって進んでいくと、途中で、井戸丸からの道と合流している。下から息をきらして、夫婦らしいふたり連れがのぼってきた。

「おはようございます」「おはようございます」

山のルールどおり挨拶《あいさつ》を交わす。

石垣に囲まれた石段を右に折れると三の門跡、続いて二の門跡を通って、二の丸に出る。門や塀が幾重にもめぐらされていたころの様子を思い描いてみた。いよいよ本丸が近い。

海城

山城・平山城・平城の分類とは別に、海に面した城を海城《うみじろ》という。

宇和島城も、平山城であると同時に、かつては海城でもあった。江戸期の絵図を見ると、城山の北側と西側は直接海に面している。今では埋め立てられ、なくなってしまった内濠も、海とつながっていた。濠の水が海水だったというわけだ。おそらく、いつも潮の香りがしたことだろう。ためしに、深々と深呼吸をしてみたが、草が匂うばかり。海岸線はずいぶん遠くなってしまったのだ。

この城が初めて文献に登場するのは、天文十五年（一五四六）。当時、宇和島は板島《いたじま》と呼ばれ、城も板島丸串城と呼ばれていた。築城された年代はわからないが、もっと以前からここに城があったということになる。

そこへ、日本一の築城の名手・藤堂高虎《とうどうたかとら》がやってきた。

高虎は、近江《おうみ》の地侍《じざむらい》・藤堂虎高《とらたか》の次男。母の名がお虎というから、虎、虎、虎と重なって、勇猛果敢な武将に育った。ただ、主君に恵まれず、浅井長政に始まり、阿辻政家《あつじまさいえ》、磯野員昌《かずまさ》、織田信澄《のぶずみ》、羽柴秀長と、転々と主《あるじ》を変えている。秀長の死後は、その養子である秀保に仕えていたのだが、十七歳で溺死してしまった。ここで高虎は、主君の菩提《ぼだい》を弔《とむら》うため、出家して高野山に入っている。

彼の才を惜しんで呼び戻したのは、豊臣秀吉だ。それを受けて高虎は還俗《げんぞく》し、秀吉の直臣《じきしん》となった。文禄四年（一五九五）、伊予・板島七万石の領主となった彼は、本城を板島丸串城に定め、天守を持つ本格的な城として整備し直したのだ。

彼自身の居城としては、猿岡山城《さるおかやまじょう》（和歌山）に次いで二番目だが、すでに聚楽第《じゅらくだい》や伏見城《ふしみじょう》のような大きな城普請にもかかわっている。腕をふるって城造りをしたことだろう。

秀吉の死後、高虎は家康に接近し、関ヶ原でも活躍した。その功で二十万石に加増され、伊予半国を治めることになる。そのため、本拠地を今治《いまばり》に移すことになった。このとき築いた今治城も海城だ。

もちろん、海城ばかりではない。その後、津城（三重県）、伊賀・上野城（三重県）を自らの居城として築いたほか、江戸城、大坂城をはじめ多くの城に、縄張《なわば》り（城の設計）や築城指導など、何らかの形でかかわっている。

平和な天守

二の丸跡を抜けて、短い石段をのぼると、本丸が開けた。目の前には三重の天守がこちらを向いている。

向き合っていても、全く威圧感がない。不思議に思ってよく見ると、どこにも石落《いしおとし》や挟間《さま》のような攻撃設備がないのだ。

壁はすべて白く塗りこめられ、入り口には、御殿のような唐破風造《からはふづくり》の玄関がある。唐破風とは、山形の頂点が尖《とが》らずに、ゆるやかなアーチ型になっている破風だ。玄関だけでなく、一番上の大屋根と、側面の二階の屋根も唐破風になっている。あとの屋根には千鳥破風。普通、出窓や石落を設けて破風をつけることが多いのだが、ここの破風は、単なる飾りだ。これらがバランスよく配置されていて、整った美しさを見せている。

ところで、この天守は藤堂高虎が築いたものではない。

高虎の天守は、今と同じ三重三階だが、望楼式になっていた。先程入った城山郷土館に復元図が展示してある。それによると、天守台は石垣ではなく、自然の大きな岩盤の上に直接天守がのっていたようだ。今とは全然雰囲気が違う。

現在の天守は、石垣の天守台の上に建てられている。望楼型より新式の層塔型《そうとうがた》だ。「層塔」とは幾重にも重なった寺院の塔のこと。三重の塔や五重の塔を大きく太らせた形と思えばいいだろうか。入母屋屋根は一番上だけ。外見は一階、二階、三階と順に積み上げていったように見え、すっきりとしている。

藤堂高虎が今治へ移ったあと、富田《とみた》信高《のぶたか》が城主となったが五年で改易《かいえき》。幕府の直轄領となった時期を経て、慶長十九年（一六一四）、伊達《だて》秀宗《ひでむね》が入城した。

二代・宗利《むねとし》の時代に、城郭全域の大修理を行って、すっかり建て替えたのが今の天守だ。修理は寛文四年（一六六四）から七年にわたって行われている。『伊達家歴代事記』によると、慶安二年（一六四九）に大地震があり、大きな被害があったということなので、城も相当損傷が激しかったのだろう。

もう戦国時代は終わりを告げ、城は戦う道具から、象徴的な存在へと変化していた。宇和島城の天守は、平和な時代の到来を反映しているのだ。

ちょうど本丸の桜は満開。そこにたくさんの目白《めじろ》がやってきて、花の蜜を吸っていた。

幕末の名君

天守の中も明るい。窓が大きくとってあるからだ。

窓の格子は、薄い五角形になっている。

「変わった形……」

とつぶやいたら、そばにいた年配の男性が、窓の下を指さしながら、

「これが、鉄砲掛けですわ。格子は、鉄砲でねらいやすいように、こんな形になっとるんですわ。ま、最低限の防備だけは調えとります」

と教えてくれた。シルバー・ボランティアのメンバーだそうだ。去年から物知り世代が集まって、土日だけ、こうやって説明をしてくれるとのこと。

中央の部屋と周囲の廊下（武者走《むしゃばし》り）の間は、障子《しょうじ》で仕切られ、長押《なげし》の上も障子になっている。天守は、板戸で薄暗いという印象があるのだが、ここは快適な空間だ。

「畳《たたみ》も敷かれとったんですよ」

部屋にはふたりの大きな肖像画がかかっている。秀宗から数えて七代目の藩主・伊達宗紀《むねただ》と八代目の伊達宗城《むねなり》だ。

とくに伊達宗城は、松平慶永《まつだいらよしなが》（＝春嶽《しゅんがく》、福井藩）、山内豊信《やまのうちとよしげ》（＝容堂《ようどう》、土佐藩）、島津斉彬《しまづなりあきら》（薩摩藩）と並んで、幕末の四賢候《しけんこう》のひとりに数えられる人物。四賢候と聞くと、とりすましたお殿様を想像してしまうが、宗城の行動はかなり大胆だ。幕府を批判して囚われ脱獄してきた高野長英《たかのちょうえい》を庇護《ひご》したり、蘭学者・村田蔵六《むらたぞうろく》（のちの大村益次郎《おおむらますじろう》）を招いて藩士に洋学を学ばせたり、果ては、黒船（蒸気船）を造らせたり。これが、日本人だけで造った蒸気船第一号だともいわれる。ペリーが浦賀にやってきて以来、わずか三年……。日本人はおろおろと手をこまねいてばかりいたわけではない。新しい時代の息吹を感じて、いきいきと輝いていた人もたくさんいたのだ。

宗城の肖像画は晩年のものだが、若き日の写真も残っている。すらりとしたハンサムな外見。それに似合わず、内面は骨が太い。いかにも、伊達政宗の子孫らしいように思えるが、じつは、三千石《ごく》の旗本・山口直勝の二男で、伊達家には養子として入った。

隣に描かれている宗紀とは、血のつながった親子ではない。だが宗紀も名君で、藩の財政を立て直し、幕府に攘夷《じょうい》の無謀を説いたり、貿易を献策したりしている。宗城が活躍する下地は彼が作ったといえるかもしれない。

安政の大獄《たいごく》ののち、伊達宗城は対立する井伊直弼《いいなおすけ》から隠居を命じられ、家督を宗徳《むねえ》に譲ったが、その後も政局に影響を与え続けた。

明治四年（一八七一）、宇和島城は全国の城と同様、兵部省《ひょうぶしょう》の管轄となった。だが同六年（一八七三）、存置城《そんちじょう》（そのまま残しておく城）のリストに入る。やはり伊達家の威光だろうか。ところが、せっかく存置された宇和島城の建物も、老朽化するにつれて取り壊され、結局次々と失われていった。

明治二十二年（一八八九）、伊達家に払い下げとなり、昭和二十四年（一九四九）、伊達家から宇和島市に寄贈されて、現在に至っている。

独眼竜の息子

ほかの天守に比べると、階段も楽なものだ。一階から二階の階段には踊り場があって、のぼりやすくなっているのも、泰平の世の城ということだろう。上の階に行くに従って部屋は小さくなるが、よく似た造りになっている。

三階には、白蟻《しろあり》に食い荒らされた木材も展示されていた。昭和三十五年（一九六〇）、解体修理をしたときのものだ。白蟻もまた、城の大敵なのだ。

ここにもまた別のボランティア・メンバーがいる。

「あれが、闘牛場ですわ」

　宇和島といえば、闘牛でも有名だ。江戸時代、すでに本格的な闘牛が盛んに行われていたそうだ。

「昔、映画のロケがあって、私も応援しとる場面のエキストラで出たんですよ」

うれしそうに話してくれた。

西には港が見える。変化に富んだリアス式海岸の宇和島湾は、古くから、宇和の海と呼ばれていた。板島から宇和島と呼ばれるようになったのは、伊達秀宗が入封《にゅうほう》してからのことだ。

「宇和」と板島の「島」をあわせて、宇和郡の中心地という意味をこめたといわれる。

開放された窓からは、海風が吹き抜けて、寒いほどだ。

「ここは夏でも涼しいですよ」

「そうでしょうね。本当は七月に来るつもりだったんですけど……」

「七月には、和霊《われい》神社のお祭りもありますけんね」

彼は、北側の山裾を指さした。

「あれが和霊神社ですわ」

薄緑の大きな入母屋屋根が見える。

伊達秀宗は、独眼竜で知られる伊達政宗の長男だが、側室の子として生まれた。のち、実質上は人質なのだが豊臣秀吉の養子となり、元服の際には「秀」の一字をもらっている。徳川の世になって、彼を嫡男とすることははばかられたのだろう。政宗のあとの仙台藩主の座は、正室・愛姫《めごひめ》が産んだ忠宗が継ぎ、秀宗は独立して宇和島へ行くことになった。

あまりにも有名な父の陰で、彼の人となりは、あまりわからない。ただ、四十二年という長い期間、藩主の座にあって藩政の基礎を固めたわけだから、無能な人物ではなかったのだろう。

そんな彼が、父から勘当される事件が起こった。

神になった家老

新たに藩主になる際には、莫大な費用がかかる。秀宗は、父・政宗から六万両を借りてしのいだ。

また、政宗の家臣の中から、山家清兵衛公頼《やんべせいべえきんより》、桜田玄蕃元親《げんばもとちか》はじめ、五十七騎と称する家臣団をつけてもらった。

入封した当時、宇和島の財政は疲弊していたという。財政責任者である山家清兵衛は、産業を起こし、漁業を盛んにし、租税を見直して、やりくりに奔走した。

そんなとき、幕府から大坂城の石垣修理を命じられる。ただでさえ借金の返済が苦しい上での出費だ。清兵衛は思い切って、自分も含め藩士の俸禄を半分にした。それが桜田玄蕃らの反感をかい、ついに暗殺されてしまったのだ。

近年の説では、秀宗が、暗殺を命じたのだともいう。清兵衛が、仙台の政宗に、自分の行状を逐一報告するのをうとましく思ったからというのが、その理由だ。

どちらにしても、のちに藩は清兵衛の冤罪《えんざい》を認めている。

山家清兵衛が殺されたことを知った政宗は激怒し、秀宗を勘当しただけでなく、宇和島十万石を幕府に返上しようとまでした。宇和島藩の大きな危機だったわけだ。一応、秀宗の正室の実家・井伊家などのとりなしで事なきを得、二年後には勘当も解かれた。

ところが、恐ろしいことが次々と宇和島を襲うようになったのだ。暗殺にかかわった人々がことごとく変死していく。落雷、海難事故……。首謀者の桜田玄蕃などは、秀宗の正室の法要の最中に、突然強風が吹き、寺院の梁《はり》が落ちて圧死してしまった。天変地異も相次いだ。旱魃《かんばつ》、大風雨、飢饉《ききん》、天守を改築する原因になった慶安の大地震もそうだ。これらはすべて、山家清兵衛公頼の祟《たた》りだと恐れられた。

やがて、彼の霊をなぐさめようと和霊神社が建立され、山家清兵衛は、和霊大明神として祀られることになったのだった。

いきさつは菅原道真と似ている。だが、大名の一家老が神になった例は珍しい。しかも、和霊神社はやがて、漁業を中心に産業の神、護国の神として、四国・中国を中心にひろまり、大勢の信仰を集めるようになった。

上り立ち門

天守を出て、改めて本丸を見渡してみる。今では天守以外何もないが、かつては周囲を取り囲むように櫓があった。当時の絵図の名前でいうと、御鉄砲矢倉や御弓矢倉、轆轤《ろくろ》矢倉、御休息矢倉……。天守の正面には御台所もあった。二の丸に降りると、御算用矢倉。三の丸には御書物矢倉。藩政時代の人々の姿が見えるようだ。

そのまま石段を井戸矢倉へと降りていった。

大きな井戸が残っている。城山にある三つの井戸のうち、非常事態に備えた最も重要な井戸だったと案内板に書いてある。坂の途中だが、櫓を設け、厳重に管理していたらしい。

今度はもうひとつの登城口である上り立ち門から入ろうと、一旦長屋門から出て、市街をまわり搦手の方角へ向かった。

上り立ち門は、薬医門《やくいもん》という形式で、本柱と控柱の上に切妻屋根がのっている。薬医とは文字どおり、薬と医者のことだが、名前の由来は諸説あってはっきりしない。

門越しに、細く急な石段が続いている。どんどんのぼっていくと、朝一番に訪れた長門丸につながる。再び、城山郷土館の前を通って、井戸丸の道を下った。

同じ道を行ったり来たり、なんとも効率の悪い歩き方だ。それでも通るたびに気づくことが違う。鳥の声も変わる。緑のみずみずしい香り、楚々として咲く野の花、苔むした石垣……。何度歩いても飽きない。

石垣といえば、さまざまな積み方の石垣が見られるのも、この城の楽しみだ。自然石を積んだ野面積みから、少し加工して積む打込接ぎ《うちこみは》、きれいに切りそろえられた切込接ぎ《きりこみは》。「接《は》ぐ」はつぎあわせるという意味だ。積むだけでは、簡単に崩れてしまう。次第に「積む」から「接ぐ」という感覚になっていったのだろう。とはいえ、野面積みも単に積み上げただけの石垣ではない。石と石の重力を考えて、崩れないように組み合わせるというから、積むことに関しては、切込接ぎよりも高度な技術が要求される。

日が傾きかけたころ、ようやく城を離れて和霊神社に向かった。

恩讐を超えて

十五分ほど歩くと、大鳥居が見えてくる。石でできた鳥居としては、日本一の大きさだという。天守から見えた銅板葺きの屋根は、そばで見るとどっしりと大きい。

ここも、太平洋戦争の空襲で焼けたそうだ。目の前の社殿は、昭和三十二年（一九五七）に再建されたものだという。それにしても、昭和に建ったものとは思えない重々しさだ。

今は人影もなく、広い境内も静まっているが、毎年七月二十三、二十四日の祭礼の日には、二十万人を超える人々でにぎわうそうだ。

じつは、城のすぐ近くにも和霊神社がある。もと、山家清兵衛の屋敷があった場所で、丸の内和霊神社と呼ばれている。追手門があったとしたら、入ってすぐの場所だ。

惨劇はここで起こったのだ。蚊帳《かや》の中で眠っているところを襲われた清兵衛は、息子たちともども、無残な最期を遂げたという。享年四十二歳。宇和島に来てから六年目のことだった。

気がつくと、すっかり日が暮れている。

何気なく視線をあげたとき、突然、白く大きなものが目に飛び込んできた。

一瞬、幽霊かと思ってどきっとしたが、ライトアップされた宇和島城だった。城山が闇に溶け込んでいるため、空に浮かんでいるように見える。ほかの城でも、ライトアップされた天守はいくつも見たが、夜の暗さが違うのだろうか、それとも、光の色が違うのだろうか、宇和島城は白さが際立ち、昼間見たときよりも、近く、大きく見えた。

怨霊も、信仰すればいつしか神となる。長い年月のうちに、人は恐れたことなどすっかり忘れ、願い事をかなえてくれる存在として親しむようになっていく。

城もそうかもしれない。恩讐ははるか彼方《かなた》……。

再び天守を見上げたときには、亡霊の影は重ならなかった。ただ美しく、幻想的に、夜空に浮かんでいるだけだった。

5——犬山城

愛知県犬山市

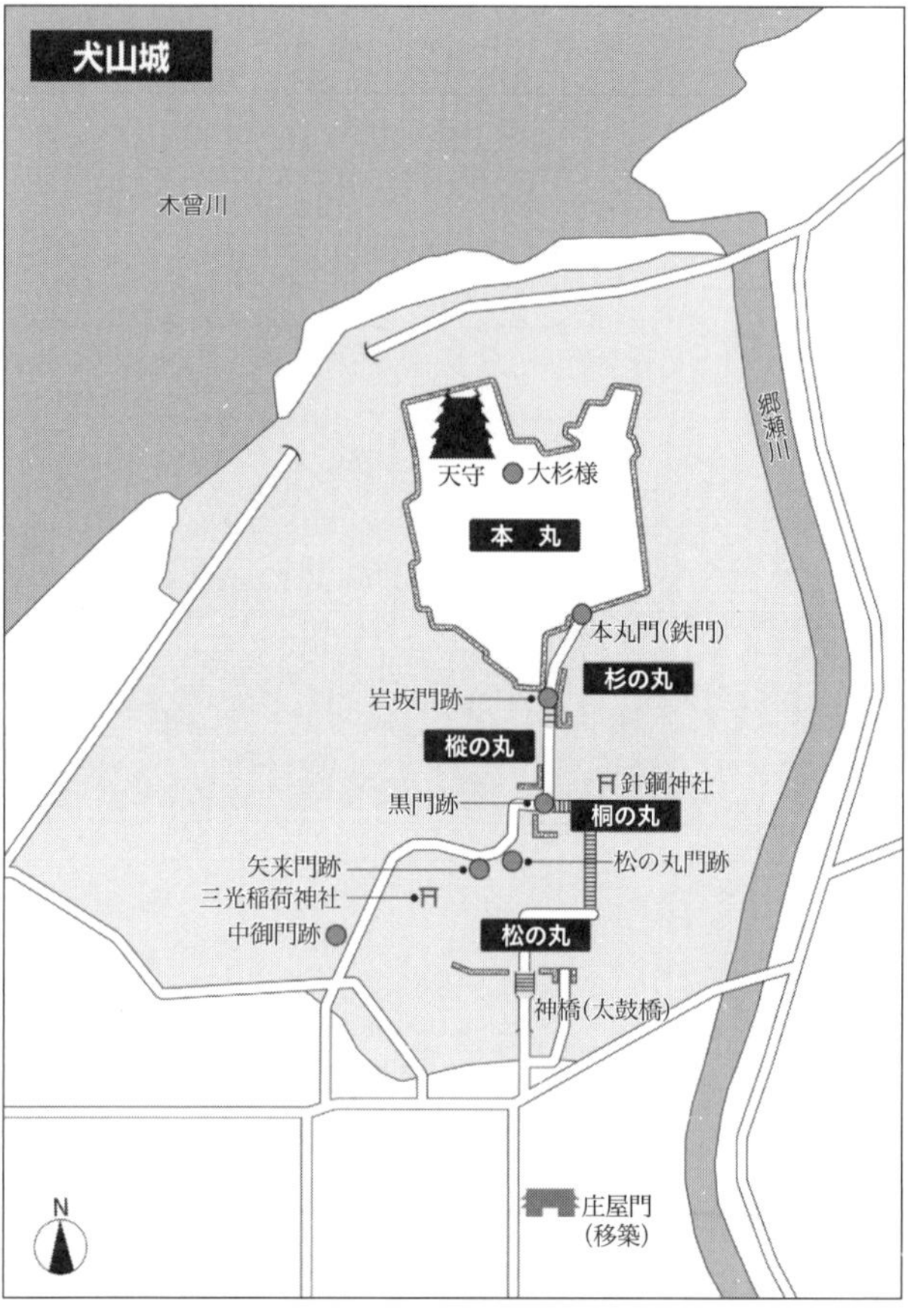

犬山城
木曽川
郷瀬川
天守
大杉様
本　丸
本丸門(鉄門)
杉の丸
岩坂門跡
樅の丸
針綱神社
黒門跡
桐の丸
矢来門跡
松の丸門跡
三光稲荷神社
中御門跡
松の丸
神橋(太鼓橋)
庄屋門
(移築)
N

一国一城の主

一国一城の主《あるじ》という言葉がある。今でも使われる言葉だが、その場合の「城」はマイホームや会社だ。ところが本物の城の主が平成十六年（二〇〇四）まで存在した。なんと、つい数年前のことである。

日本最後の城主は、成瀬正俊氏。平成二十年（二〇〇八）まで存命であった。俳人でもあった彼は、数々の著書を残している。城の所有者としての思いは、そのひとつ『城を売る男』（梅里書房）に詳しい。

今まで、城を「もし自分のものだったら……」という目で見たことはなかった。私にとって、犬山城を訪れるのは、二回目になる。九月とはいえ、まだまだ夏の蒸し暑さが残る日だったが、『城を売る男』を読んだこともあって、天守の前にしばらくたたずんで、見入ってしまった。

一階、二階が同じ大きさの、どっしりとした下層部の上に、望楼がのっている。一階の下半分だけは黒塗りの板張りだが、あとの壁は漆喰《しっくい》で塗られているので、白さが際立って美しい。二重目の入母屋屋根の上には大きな唐破風。そして、望楼をめぐらした廻縁《まわりえん》が印象的だ。

かつては武力、権力の象徴でもあった天守。それらの力と離れた今、ある意味、夢の化身として私たちの目に映るのかもしれない。

ところが所有者にとっては、夢ではなく現実問題だ。しかも城主とは、この建物だけの持ち主ということではない。城域すべての所有者ということなのだ。

現代は、お殿様とはいえ、だれも食べさせてはくれないし、特別扱いもしてもらえないので、普通に働いて生活をしている。それどころか、固定資産税の支払いにいつも頭を悩ませ、代が替わると莫大な相続税を払わなければならない。一応、天守の登閣料をとっているが、城番の給金や修復費用で消えてしまい、国の補助金を加えても足りなかったそうだ。

正俊氏の父の時代には「犬山城、ディズニーランドに一億円で身売り」という噂がまことしやかに流れ、地方新聞の記事にもなった。正俊氏自身も、国立博物館に「国宝というものは、売れるのですか」と尋ねている。城に固執していたのではなく、複雑な気持ちで城を守ってきたようだ。生活は楽ではなかったとか。実感を込めて、正俊氏はこんな句を詠んでいる。

〜城持つが　ゆえの貧しさ　虫時雨《むししぐれ》〜

廻縁

入り口は、天守台の石垣の間に設けられている。つまり、中に入るとそこは地下ということだ。穴倉と呼ばれる石垣と木組みだけの部屋で、入ってすぐのところは地下二階。階段をのぼると、そこは地下一階。右に折れてもう一度階段をのぼると、ようやく一階に出る。

内部にはていねいな説明板があり、武具や写真などが展示してあって、見どころが多そうなのだが、あとまわしにして、最上階へと急いだ。昼鵜飼《ひるうかい》が見えるのではないかと思ったからだ。犬山城は、木曾川のほとりの崖《がけ》の上に建っている。城より少し下流あたりで毎年六月一日から十月十五日までの間、鵜飼が行われるのだ。時間は十一時半から十三時四十五分まで。もう十三時を過ぎているから、のんびりしていると終わってしまう。そう思うと、急な階段もすたすたとのぼれた。

最上階へたどり着くと、ぱっと赤い色が目に入ってきた。床には真っ赤な絨毯《じゅうたん》が敷かれている。城にそぐわないような気もしたが昭和三十六年（一九六一）の解体修理の際に、敷物をとめていたらしい釘穴が発見されたことから、今も絨毯敷きにしているという。

窓はなく、南北に廻縁への出入口があるだけだ。そこから期待通りに、木曾川が見えた。が、鵜舟は見えない。係員に尋ねてみると、

「ああ、今日は日曜日だから、昼鵜飼はないですよ。夜はあるけどね」

とのことだった。原則として昼は、火・木・土に行われるのだそうだ。少し気が抜けたが、出入り口からのぞくすばらしい眺めに、そんなことはすぐ忘れてしまった。

南北の出入り口それぞれに係員が立っている。危ないからだ。ときおり、飛び出さんばかりにかけていく子どもがいる。

「走らないでください」

「縁に出たら、逆行しないで、ゆっくり進んでください」

さかんに声をかけていた。

廻縁は格式のある寺院に設けられたのが始まりで、高貴な建物をあらわすシンボルとして、天守もそれにならったのだという。単なる飾りであることが多いが、現存する十二の天守では、この犬山城と高知城だけが実際に歩けるようになっている。

一歩踏み出した途端、足がすくんだ。廻縁の幅は約九十センチ。しかも、雨水がたまらないようにわずかだが外側に傾斜している。高欄《こうらん》（欄干《らんかん》）の高さは腰ぐらいまでしかない。高所恐怖症気味の私は怖くてたまらなかった。が、もう引き返すことはできない。なるべく景色を見ないようにして半周し、やっとの思いで反対側の出入り口から中に戻った。

とはいえ、半周でリタイアしたのは私だけ。訪れる人はみんな、見事な絶景を満喫しているようだった。

現存最古の座

壁には、代々の城主の絵や写真が飾られている。

豊臣秀吉の肖像画もあった。天正十二年（一五八四）、小牧・長久手の戦いの際にこの城に入り、小牧山に陣をしいた徳川家康と対峙《たいじ》したのだ。廻縁に立つと、はるかに模擬《もぎ》天守の建つ小牧山が見える……らしい。

壁の絵の中では、秀吉が最も古いのだが、犬山城の歴史はもっと以前にさかのぼる。天文《てんぶん》六年（一五三七）、織田信康（信長の叔父）が、木之下《きのした》城から移ってきたのを皮切りに、城主はめまぐるしく変わった。

美濃《みの》との国境にあって、ここは街道を押さえる要衝の地。大名たちが手に入れたがった城だということがわかる。

ところで、『正事記』など多くの記録には、慶長五年（一六〇〇）二月、秀吉の直臣・石川光吉《みつよし》（のちの貞清）が犬山城主のとき、美濃・金山《かねやま》城から天守その他の建物を移築したと記されている。金山城は天文六年の創建ということも記録に残っている。そこで、犬山城は日本最古の天守であるといわれてきた。

ところが、昭和の解体修理では、移築の痕跡は認められなかった。そのため、慶長六年（一六〇一）ごろ建てられたという説が有力になっている。

ほかに、下の二階までがまず築かれ、のちに付け足す形で望楼部分が造られたのではないかという説もあり、また、移築説も相変わらず根強い。確証がないまま、丸岡城、松本城とともに、現存最古の座を競っている。

石川光吉は移築後間もない八月に起こった関ヶ原の戦いで、石田三成率いる西軍につき、敗退。犬山城には小笠原吉次《おがさわらよしつぐ》が入城した。彼の時代に、さらに城の改築や整備がすすめられたとされている。

小笠原吉次が、下総国佐倉《しもふさのくにさくら》に転封になったあとは、平岩親吉《ひらいわちかよし》。徳川家康と同い年で、家康が今川氏の人質生活をしていた幼少のころから苦楽をともにした忠臣だ。

慶長十二年（一六〇七）、家康の九男・徳川義直が八歳で尾張国《おわりのくに》を与えられると同時に、親吉は犬山城主となり、義直を補佐することになった。だが跡継ぎがなく断絶。

その後犬山城は、城番がいたものの城主不在の状態が六年間続いた。

そして、元和三年（一六一七）、成瀬隼人正正成《はやとのしょうまさなり》が入城することになる。

城を救った殿様

成瀬正成も、幼少のころから家康に仕えていた三河武士《みかわぶし》だ。秀吉が五万石で引き抜こうとしたとき、ならば切腹すると言って辞退したという逸話が残っている。

彼は、平岩親吉が存命中から徳川義直の傅役《もりやく》となり、親吉亡きあとは付家老《つけがろう》として尾張の藩政をとることになった。

この成瀬正成の時代に、天守の改修が行われ、唐破風がつけられたり、廻縁を廻遊式にめぐらしたりしたといわれる。

ところで、最初に「一国一城の主」という言葉を使ったが、厳密にいうと、成瀬正成の場合は一城の主だが、一国の主ではない。当初、幕府から直接遣わされた付家老は、藩主の補佐をするだけでなく、養育係、お目付役として大きな権限を持っていた。それほど信頼が厚い人物が選ばれたということだ。だが時代が下るとその権限も薄れ、尾張藩の家臣として扱われるようになる。この状態が幕末まで続いた。一万石以上の石高があれば大名だが、成瀬氏は三万石以上であるにもかかわらず、大名でも藩主でもなかったのだ。

やはり、大名に戻り、犬山藩として独立することは、江戸時代を通じての成瀬家の悲願だったようだ。幕府に何度も働きかけたが、なかなか実現しなかった。

それが認められたのは、なんと慶応四年、つまり明治元年（一八六八）のことだ。この年犬山藩が誕生した。それからわずか一年後、版籍奉還によって、犬山藩はじつに短い歴史を閉じる。

その後、城は競売にかけられたが、天守や櫓は売れ残った。大きすぎたからだという。そのうち、地元の保存運動も起こり、そのまま保存されるかに思われた。

ところが、濃尾大地震が城を襲った。明治二十四年（一八九一）のことである。

櫓はすべて倒壊、天守だけがかろうじて半壊……。愛知県は修理を断念し、すべて取り壊すことに決定した。

それを惜しみ個人で修理することを申し出たのが、最後の藩主で、正成から九代目にあたる成瀬正肥《まさみつ》だった。庶民たちの尽力によって危機を免れた例は多いが、犬山城の場合は殿様自らが城を救ったといえる。以来、犬山城は成瀬家の固人財産となったのだ。

最上階の西側の壁にずらりと並ぶ成瀬家代々の絵や写真の最後に、十二代目にあたる正俊氏の写真が飾られていた。グラスを傾けて遠い眼差しで写っている。まるで俳優のようだ。

熱心に見ていたら、係員の男性が、

「今は正俊さんのお嬢さんが城主ですよ。今日もちょっと前に、ここに来とったが……。もしかしたら、まだ城内をうろうろしとるんじゃないかな」

という。

「えっ！」

反射的に追いかけていきたい衝動にかられたが、思いとどまった。

国宝

平成十六年（二〇〇四）、財団法人「犬山城白帝《はくてい》文庫」が設立された。その初代理事長に、正俊氏の娘さん・成瀬淳子氏が就任して、現在に至る。城が財団の所有となって、「城持つがゆえの貧しさ」からは解放されたのだろうか。

個人所有のときから、犬山城は国宝だった。

現在、国宝の天守は、犬山城、松本城、彦根城、姫路城の四つだけだ。

昭和二十五年（一九五〇）に制定された文化財保護法によって、それ以前に国宝とされていたものは、すべて重要文化財となった。現存する天守の残り八城も、重要文化財だ。

翌年の告示によって、「重要文化財のうち極めて優秀で、かつ、文化史的意義の特に深いもの」が国宝に定められる。これは文化庁の判断によるもので、どこで国宝と重要文化財のラインが引かれるのかはよくわからない。

とにかく国宝であろうとなかろうと、文化遺産は国民の財産ともいえる。自分の持ち物ではないが、自分たちの宝なのだ。

そう思ったとき、今まで守り伝えてくれた人々への感謝の気持ちが湧いてきた。私たちは気楽に楽しんでいるが、守り伝える労力は大変なものだ。一度なくなってしまえば二度と戻らない。復元されたとしても、それは本物ではないのだ。

その重みを踏みしめるように、ゆっくり天守の階段をおりていった。

犬山城の外観は三重だが、地下二階・内部四階となっているので、最上階の下は三階だ。唐破風の間と呼ばれている。成瀬正成の時代にこの唐破風が付け加えられた。城が機能していたころは、このように次々と手が加えられていったのだろう。

二階と一階は、周囲に武者走りと呼ばれる広い廊下を設け、中央を部屋として使っている。

二階は、武器や武具を保管していた武具の間。

そして、一階の中央のひと間には畳が十二畳敷かれていた。床が一段高くなっているので上

国宝および重要文化財の棟数

		国宝	重要文化財
姫路城	**兵庫県**	**8**	**74**
二条城	京都府	6	22
松山城	**愛媛県**		**21**
高知城	**高知県**		**15**
大坂城	大阪府		13
熊本城	熊本県		13
金沢城	石川県		10
弘前城	**青森県**		**9**
彦根城	**滋賀県**	**2**	**5**
江戸城	東京都		6
名古屋城	愛知県		6
松本城	**長野県**	**5**	
高松城	香川県		4
大洲城	愛媛県		4
丸亀城	**香川県**		**3**
備中松山城	**岡山県**		**3**
新発田城	新潟県		2
小諸城	長野県		2
明石城	兵庫県		2
岡山城	岡山県		2
福山城	広島県		2
犬山城	**愛知県**	**1**	
丸岡城	**福井県**		**1**
松江城	**島根県**		**1**
宇和島城	**愛媛県**		**1**
松前城	北海道		1
掛川城	静岡県		1
和歌山城	和歌山県		1
福岡城	福岡県		1
佐賀城	佐賀県		1

段の間と呼ばれる部屋だ。城主が使用するということで、ここだけは天井が張られ、床の間や違い棚も設けられている。その奥に閉ざされた引き戸が見える。この奥は護衛の武士たちを隠しておくための部屋……武者隠しの間だ。この部屋も最初からあったのではなく、あとから造られたものだという。

大杉様

入り口の脇には、出っ張った形で附櫓《つけやぐら》が設けられている。じつは濃尾大地震でこの部分が大破し、成瀬正肥が修理を引き受けたときには、もとどおりに復元できなかった。以後、附櫓がなく、一重目の屋根の右隅に千鳥破風がちょこんとのった形だったが、昭和三十六年（一九六一）の解体修理でよみがえったのだ。

再び、穴倉を通って外に出た。

左手、附櫓の向こうには、ご神木が立っている。樹齢六百五十年という杉の木だ。とはいえ、昭和四十年（一九六五）ごろ枯れてしまって、今は幹だけが残っている。説明板によると、枯れる前は高さ二十四メートルの大木だった。天守が十九メートル、天守台が五メートルだから、ほとんど同じ高さだ。落雷には城の身代わりに、台風のときは風よけになったということだが、力尽きてしまったのだろう。今でも「大杉様」として祀られている。

太い幹には、凌霄花《のうぜんかずら》の蔓《つる》が巻きついていた。近くに成瀬正肥を顕彰する「高節凌雲霄《こうせつりょううんしょう》」の碑がある。偶然だろうが、関連し合っているように思えてくる。

高節、雲霄《うんしょう》を凌《しの》ぐ……。「霄」は空のこと。気高い信念は、大空を凌ぐということだ。幕末から明治へと移りゆく時代、成瀬正肥という人は、ひたすら上へ上へと志を掲げて生きたのだろう。

凌霄花も、空を凌ぐほど天高く伸びて咲く花という意味だ。音読みの「凌霄《りょうしょう》」が、「のうしょう」→「のうぜん」と変化したものだといわれる。暑い盛りに燃えるような橙《だいだい》色の花を咲かせるが、もう花の名残はなかった。そういえば、ツクツクボウシの声がしきりに聞こえてくる。夏もそろそろ終わりだ。

ふり仰ぐと、雲が流れていく空に、悠然と天守がそびえている。これもまた天を凌ぐように。もしかしたら成瀬正肥は、天守を見上げながら、凌雲の志を育んだのかもしれない。彼だけでなく、多くの人が、こうしてより高いところをめざそうという力を得てきたのではないだろうか。

もう一度、しっかり天守を仰いでから、本丸をあとにした。

本丸の入り口には櫓門が建っている。かつては外側が鉄の板で覆われていたので、鉄門《くろがねもん》と呼ばれていた。今ある門は、往時の姿を忠実に再現したものではない。その本丸門を出て、やって来たときと同じ道を下《くだ》っていく。

岩坂門、黒門、松の丸門、矢来《やらい》門、中御門《なかごもん》……。少し歩けば、門跡であったことを説明する立て札が立っているという具合だ。何重にも門をめぐらしていたことがわかる。

石段の道をはさむようにして、東には杉の丸、一段下がって桐《きり》の丸、西には樅《もみ》の丸。これらが二の丸だ。

桐の丸には現在、針綱《はりつな》神社の本殿がある。犬山城が築かれる以前、本丸にあったのだが移築され、明治の廃城後、再びこの地へ戻された。

そして樅の丸には、財団法人犬山城白帝文庫。掲げられた看板が、まだ新しい。

白帝城というのは犬山城の別名だ。中国・四川省《しせんしょう》にある白帝城になぞらえた名前である。本家本元の白帝城は、揚子江上流の峡谷にのぞむ要害。前漢の末期に、井戸から白い竜が出てくるのを見た公孫述《こうそんじゅつ》が、自ら白帝と名のって築城したのが始まりだという。

江戸時代中期の儒者・荻生徂徠《おぎゅうそらい》は木曽川にそそり立つ犬山城を見て、李白《りはく》の「早《つと》に白帝城を発《はっ》す」という詩を連想したようだ。

〜朝《あした》に辞す　白帝　彩雲《さいうん》の間《かん》

千里の江陵《こうりよう》　一日《いちじつ》にして還《かへ》る
両岸《りようがん》の猿声《えんせい》　啼《な》いて住《や》まざるに
軽舟已《けいしゆうすで》に過ぐ　万重《ばんちよう》の山〜

早朝、朝日に美しく彩られた雲間に浮かぶ白帝城に別れを告げて、千里も離れた江陵の地まで、一日で帰っていく。両岸で鳴いていた猿の声がまだ耳に残っているのに、軽やかな小舟は、たちまち幾重にも重なる山々を通り過ぎていった……。

李白は、安禄山《あんろくざん》の乱の際に捕えられたが、揚子江をさかのぼって白帝城の近くまできたとき、赦免の知らせを受けた。身も心も軽くなった彼の爽快な気持ちが伝わってくる。

なるほど、朝焼けを背景に見る犬山城もさぞ美しいことだろう。だが、夏の太陽に輝きながらそそり立つ犬山城も絵になる。現に犬山遊園駅からここまで、木曽川沿いの道の途中で、城を写生している人を何人も見かけた。

夕照

三の丸に当たる松の丸には、御殿があった。もともと本丸にあったものをここに移築したのだが、火災で焼失したという。現在は、三光稲荷神社《さんこういなりじんじゃ》や猿田彦神社《さるたひこじんじゃ》になっている。

その前の南に下る本町通りの途中に、かつては大手門があった。今では説明板が立っているのみで名残をとどめてはいないが、この道を中心として町人たちの町屋、それを取り巻くように武家屋敷が配置されていたらしい。

この通りに、面白いものがあった。犬山ゆかりのものではないが、「からくり展示館」の門として、庄屋門《しょうやもん》が移築されている。正面に臆病窓《おくびょうまど》と呼ばれる小さな窓がついていた。誰かが来たとき、外の様子をのぞき見できるようになっている。物騒な時代、庶民はきっとびくびくしながら暮らさなければならなかったのだろう。

せっかくだから、鵜舟を見て帰ろうと思って、日が暮れるまで町を散策してまわった。周辺には信長の弟・織田有楽斎《うらくさい》ゆかりの国宝茶室「如庵《じょあん》」がある有楽苑《うらくえん》など、見どころも多い。

ちょうど日が暮れるころ、木曽川の河原に戻ってきた。

熟しきった夕陽が、川面にオレンジ色の光をにじませながら沈んでいく。対岸の崖には犬山城の天守……。その背後の空がみるみる茜色に染まっていった。

中国の白帝城は、『三国志』の舞台にもなっている。呉との戦いに敗れた蜀《しょく》の劉備《りゅうび》は、白帝城に入り、そこで病に倒れた。最期が近いことを悟った彼は、諸葛孔明《しょかつこうめい》を枕もとに呼び、「我が子が蜀の皇帝としてふさわしい人物であれば補佐してほしい。もしその器でないと思ったなら、自ら皇帝となってくれ」と伝えるのだ。

人は滅び、城は残る……。川の流れが、時の流れに見えてきた。

つい感傷的になってしまうが、本当は違うような気もする。偲ぶよすががあるから、人は死んだあとも生き続けることができるのではないか。遺跡や記録がなければ、そこに生きた人々の足跡はすっかり忘れ去られ、消えてしまうことだろう。城を訪れると、かつて、たしかにここにいた人々を感じる。多くの人々を、よみがえらせてくれる場所でもあるのだ。

虫時雨

静かだ。すっかり暗くなったが、本当に鵜飼があるのだろうかと思うほど、静まり返っている。

ずいぶん以前、屋形船に乗って、食事をしながら鵜飼を見物したことがあるが、そのときはもっとにぎやかだったような気がする。真夏だったからかもしれない。

いつしか天守は、ほのかにライトアップされていた。

犬山では、三百四十年前に、三代目の成瀬正親《まさちか》が鵜匠を保護し、代わりに鮎を献上させる御《ご》料鵜飼《りょううかい》を始めたという。

闇の向こうから、櫓《ろ》をこぐ音が聞こえてきた。篝火《かがりび》を先頭に、数艘《そう》の舟が粛々《しゅくしゅく》と川を滑ってくる。河原からだと遠くてよく見えないが、かすかに鵜をはやす声がする。火の粉が水面《みなも》にこぼれて散っていく。

そういえば、夏の花火大会もこのあたりで催される。戦のときの通信手段として発達した狼煙《のろし》が、花火に発展していったことを思うと感慨深い。城と花火を同時に見るというのは、平和な時代をいかにも象徴している。彦根城、松山城、宇和島城などでも、それが味わえるようだ。

鵜舟が去ったあと、再び静寂が訪れる。

闇が深くなるにつれて虫の音が大きくなった。ひときわ甲高《かんだか》く大きく聞こえるのは、青松虫《あおまつむし》の声だ。明治の終わりから大正時代にかけて、日本にやってきた帰化昆虫で、昔から日本にいる松虫と形が似ていて色が青いところから、この名がついた。

成瀬正俊氏が、城を持つがゆえの貧しさを感じながら聞いたのは、たぶんこの声ではないと思う。はかなげな松虫の声に比べると、元気に自己主張しているような青松虫の声だ。が、今日はなんとなく頼もしげに思えてきた。

パンフレットによると、「城主ガイド」と銘うって、成瀬淳子氏自らが城を案内してくれる日を設けているようだ。世が世ならお姫様に案内してもらえるわけだから、時代は変わった。土曜日に和服を着ていくと、登閣料が無料になるキャンペーンも紹介されていた。

多くの人が、「城あるがゆえの豊かさ」を、さまざまな形で実感できるといい。にぎやかな虫時雨がいつまでも耳に残っていた。

6 松山城

愛媛県松山市

松山城本丸

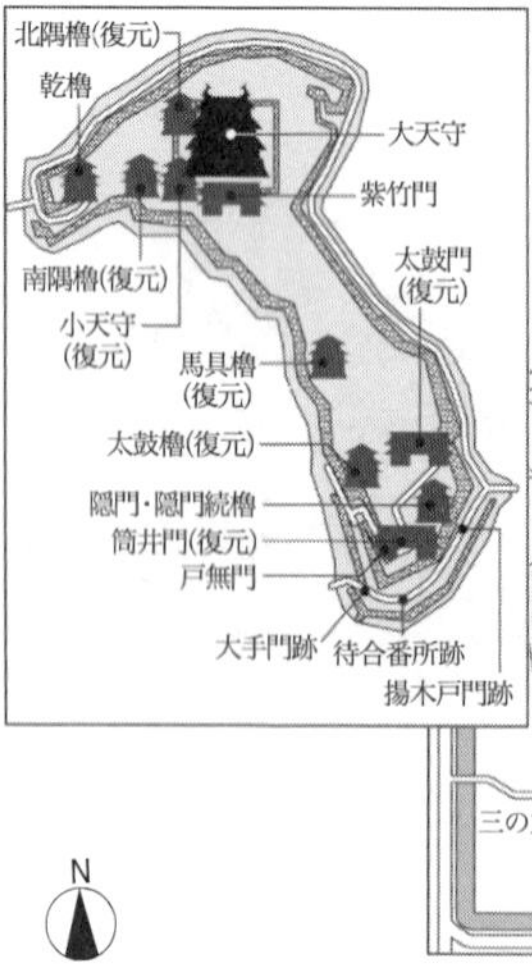
北隅櫓(復元)
乾櫓
大天守
紫竹門
南隅櫓(復元)
太鼓門
(復元)
小天守
(復元)
馬具櫓
(復元)
太鼓櫓(復元)
隠門・隠門続櫓
筒井門(復元)
戸無門
大手門跡
待合番所跡
揚木戸門跡
N

松山城

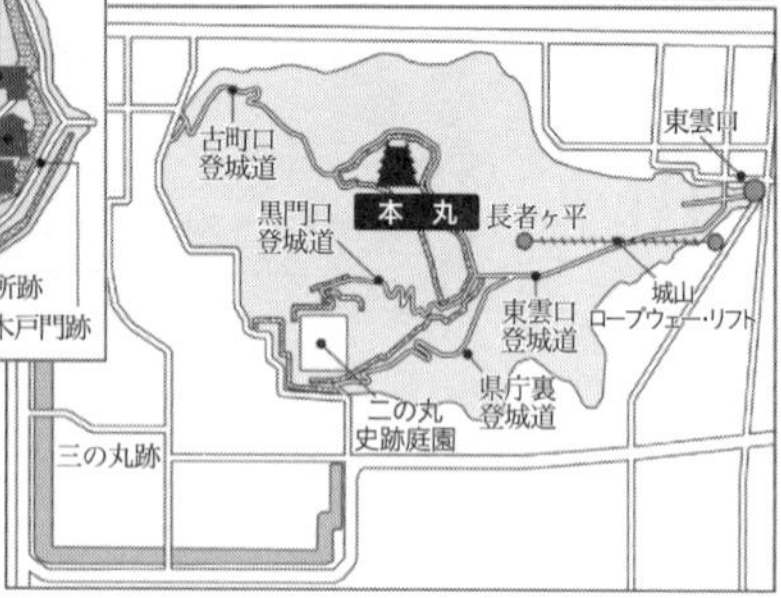
古町口
登城道
東雲口
本　丸
黒門口
登城道
長者ヶ平
城山
ロープウェー・リフト
東雲口
登城道
県庁裏
登城道
二の丸
史跡庭園
三の丸跡

当年の蜃気楼

〜松山や　秋より高き　天守閣〜（正岡子規）

この句のイメージがあるからか、松山城の天守の背景は、雲ひとつない秋晴れの空しか考えられなかった。ところが、朝からあいにくの雨……。午後から晴れるという天気予報に期待して、傘もささずに城山をのぼり始めた。

松山城は、山城に近い平山城だ。現在、登城道は四つある。そのうちの東雲口《しののめぐち》からは、ロープウェイやリフトで、途中までのぼれるようになっている。

まずは、その東雲口登城道を選んだ。この道は築城当初からあったのではなく、幕末に、東雲神社造営に伴ってできた道だそうだ。城山は二十四時間開放されている。そこで今回も夜行バスを利用した。大街道《おおかいどう》のバス停から最も近い道が、東雲口というわけだ。

もちろん、ロープウェイやリフトは使わない。乗り場の北側の長い石段をのぼっていく。石段の途中で、白い花をいっぱいにつけた大木を見つけた。松江城で見た「なんじゃもんじゃ（一つ葉田子）」の花だ。珍しい樹だが、各地で育てられているようだ。

それにしても、「秋より高き天守閣」を見るつもりが、五月になってしまった。樹木は、雨を遮《さえぎ》るほど鬱蒼《うっそう》と葉を茂らせている。そのおかげで、さほど濡れなくてすんだともいえる。

鳥のさえずりを聞きながら十五分ほど歩いただろうか、長者ヶ平《ちょうじやがなる》に着いた。ロープウェイやリフトに乗ると、ここまで来ることができる。売店やボランティアガイドの詰め所などがあるが、まだ早朝とあって閉まっていた。

そこから、ゆるやかな石段をのぼると、ほどなく高石垣が見えてきた。その上に見えるのは隠門《かくれもん》続櫓《つづきやぐら》だ。ちょうど揚木戸門《あげきどもん》跡の上に、石落《いしおとし》がものものしく迫《せ》り出していた。

さすがに人影はない。右手に石垣を見ながら、待合番所跡《まちあいばんしょあと》の角を右に折れる。その瞬間、思わず声をあげた。道の行く手、太鼓櫓《たいこやぐら》の石垣と左手の石垣の間から、天守が顔をのぞかせているのだ。雨の中、すべてが絵のように煙って、まるでタイムスリップしたような感覚におそわれた。

あとで知ったのだが、子規は十七歳のときに、「雨中松山城を望む」と題して漢詩を作っている。

〜連日溟蒙《めいもう》雨未だ休《や》まず
模糊《もこ》として城閣霧中《むちゅう》に浮かぶ
奇観《きかん》何物か相比《あいひ》するに堪《た》へん
現じ得たり当年の蜃気楼《しんきろう》〜

この城の近くで生まれ育った子規。彼もまた、ぼんやりと雨に煙る城を見て、いにしえの蜃気楼を見たように感じたのだ。

厳重な構え

このように、昔のままの建物が次々と目の前にあらわれてくるのが、松山城の大きな魅力だ。現存する建造物は二十一。すべてが重要文化財になっている。ほかに、資料に基づいて復元された建物も三十を数える。

松山城には、昭和八年（一九三三）の国宝指定のために用意した膨大な量の写真や資料が残されていた。それを活かしてなるべく往時のままに再現する方針がとられている。本丸の馬具《ばぐ》櫓《やぐら》だけは、この再建計画以前に復元されたものなのでコンクリート製だが、それ以後は昔ながらの工法で再建された。たとえば梁や柱を仕上げる長斧《ちょうな》は、今ではほとんど使われていない。そのためベテランの職人を駆り出した。大天守四階に展示されているビデオには、丁寧な手作業で復元する様子が映し出されている。

さて、未だやまない雨の中、天守に誘われるようにまっすぐ進んでいくと、通行止めだ。昔はここに中ノ門があって、そのまま進めるようになっていた。ところがこれは、いわば囮《おとり》の道。本丸へは右手の道を、また来た方向に折り返す。天守から遠ざかっていくように思わせる城の常套《じょうとう》手段だ。その道には、戸無門《となしもん》。さらに、左に曲がると筒井門《つついもん》がある。

これだけでも充分厳重なのだが、筒井門の向こうには小さな隠門《かくれもん》が、文字どおり隠れていて、敵を挟《はさ》み討ちにできるようになっている。この門につながっているのが、先程、揚木戸門跡から見上げた隠門続櫓だ。

筒井門をくぐると、正面に石垣と板塀が立ちはだかっている。左端には太鼓櫓、右端には太鼓門。至るところに、これでもかというぐらい念入りに石落や挟間《さま》が備えられていた。

太鼓門を抜けるとようやく本丸広場だ。だが、登閣は九時からなので、ひとまず城山を降りることにした。先程の待合番所跡まで戻ると、その向かいに大手門跡がある。ここを降りていくと麓《ふもと》の黒門跡に出る。現在、黒門口登城道と呼ばれている道だ。これが、かつての大手道になる。

案内板に、二の丸に続くとあるので、すぐかと思ったら、曲がりくねった急な石段の道をほとんど下りきったころに、ようやく二の丸史跡庭園の土塀が見えてきた。本丸との高低差は九十メートル。日本一だという。

七本槍

松山城の縄張りは、城山の尾根に本丸。ずいぶん離れて山麓《さんろく》に二の丸。そこに続く平地に、三の丸が濠で四角く囲まれる形で形成されている。もともと山城があって、麓にあとから平城を造るとこういう形になるが、そうではなく、最初からこの縄張りだった。

造ったのは、加藤嘉明《よしあき》。三河の生まれで、父は徳川家康の家臣だった。ところが一向一揆に参加して家康に刃向かったために、放浪の身となった。嘉明が生まれて間もないころのことだ。嘉明は間もなく孤児となり、近江で馬喰《ばくろう》（牛馬の売買をする者）に養われた。

だが、彼はそのままでは終わらなかった。『名将言行録』によると、馬喰の手伝いをしながら、馬を操る技を身につける。そして十五歳のとき、岐阜に馬を売りに行って、秀吉の家臣の加藤景泰《かげやす》に見いだされた。加藤景泰が「すばらしい馬だが癖がありそうだ。飼い馴らされたあとで買おう」と言うと、嘲《あざ》笑ってその荒馬を自在に乗りこなしてみせたという。景泰は、彼を秀吉に推薦し、秀吉も、景泰の養子にした上で、小姓に加えた。加藤姓を名のるようになったのは、このときからだ。

秀吉のもと、嘉明はめきめきと頭角をあらわした。さっそく三木城攻めで初陣を飾る。彼の名を一躍あげたのが、賤ヶ岳《しずがたけ》の戦いだ。加藤清正、福島正則、片桐且元《かたぎりかつもと》、脇坂安治《わきさかやすはる》、糟屋武則《かすやたけのり》、平野長泰《ひらのながやす》とともに、賤ヶ岳の七本槍に数えられるほどの大活躍をした。この功で一気に三千五百石の侍大将になったのが二十一歳のとき。出世はまだ止まらない。その三年後には、淡路の三原、津名両群で一万五千石を与えられ、志知《しち》城主となった。さらに、文禄・慶長の二度の朝鮮出兵によって、あわせて伊予十万石の大名になる。この時点では、正木《まさき》城（のちに松前と書く）を本城とした。

小柄で負けん気が強かった嘉明は、秀吉からずいぶん目をかけられたようだが、秀吉の死後は、石田三成憎さから家康に味方する。そして、伊予二十万石を領するまでになった。彼もまた、戦国時代の申し子だといえるだろう。

子どものころから「胆気膂力《たんきりよりよく》あり、眼光《がんこう》人を射る」と評されるように、度胸と腕力があって、鋭い眼を持っていたという。だが、苦労人らしく、下士《かし》（身分の低い武士）にまで名札をつけさせて、名前を覚えようとしたという逸話も残っている。

二十六年

さて、二十万石となると、正木城では手狭なことから、新しい城を築くことになった。一説によると、嘉明はその候補地として三か所を選び、幕府に築城許可を願い出た。第一候補は勝山。だが、幕府はいつも第二候補地を指定するので、わざと勝山を第二候補にして申請したという。彼の読みどおり、勝山に許可が下りて、築城が始まった。

この勝山という名前を、松山に変えたのも嘉明だ。その由来には諸説あって、山に松が多かったからという説、逆に山に木がなかったので松の木をたくさん植えたからだという説、徳川家康の姓・松平の「松」をもらったからという説などがある。

慶長七年（一六〇二）、いよいよ着工した。以後、なんと二十六年という歳月を城普請に費やしている。おそらく、松山に骨を埋めるつもりで、精魂を傾けたのだろう。

ところが、ようやく理想の城が完成する直前、嘉明は会津に国替えとなったのだ。会津四十万石。石高は倍増だが、嘉明の心中は無念だったのではないだろうか。現に「会津は自分には荷が重い。松山に残りたい」といって一度は断ったという。松山城があまりにも大規模だったので、幕府が警戒したのではないかという話もあるが、それもうなずける。結局、彼の願いは聞き届けられず、会津に移っていった。その四年後、彼は六十九歳の生涯を閉じたのだった。

加藤嘉明のあと、蒲生忠知《がもうただちか》が入封し、残っていた二の丸の工事などを完成させた。藩主の御殿が建っていたという二の丸は、現在、史跡庭園になっている。ここも九時にならないと入れないので、そのまま三の丸へ出た。朝からの雨もあがったようだ。

三の丸の周囲は土塁で囲まれ、その外側に濠がめぐらされている。堀之内と呼ばれている区域だ。かなりの広さで、南側には、市民会館、県立の図書館や美術館、ＮＨＫ松山放送局などが建ち並ぶ。昔は北側にも、野球場、陸上競技場、国立病院などがあったが、今は移転して、平地がひろがっていた。

松山城では、資料が少なく正確に再現できない場合は、発掘調査を行い、遺構を確認した上で地下に保存するという方法をとっている。三の丸だけでなく、周囲の土塁や二の丸もそうだ。

そのままの形で保存するためには、埋め戻す方法が一番いいからだ。施設などは、盛り土をした上に建っているというわけだ。

連立式

ふりあおぐと、山上に本丸に連なる建物が見える。この壮観も松山城でしか味わえない。東から太鼓櫓、馬具櫓、そして、本壇《ほんだん》と呼ばれる天守曲輪《ぐるわ》のひとかたまり……。

天守は建物の構成上から、だいたい独立式、複合式、連結式、連立式の四つのタイプに分けられる。

天守だけが独立して建っているのが独立式で、弘前城、丸岡城、丸亀城、宇和島城、高知城。

複合式は、附櫓《つけやぐら》や小天守が付いている形。松江城、備中松山城、彦根城、犬山城がこれにあたる。

連結式は、天守と小天守が廊下のような渡櫓《わたりやぐら》で連結した構成になっているもの。松本城は複合式と連結式を組み合わせた複合連結式という。

連立式は、天守と二基以上の小天守や隅櫓を渡櫓で結んで、ぐるりと取り囲んだ形式で、これにあたるのが、姫路城と松山城だ。

三の丸から見上げると、手前左に南隅櫓、右に小天守。そのうしろから天守が、入母屋屋根を控えめにのぞかせている。

とはいえ、何も知らずに一見しただけでは、どれが天守かわかりにくいかもしれない。天守は三重、小天守や隅櫓は二重。角度によっては、たいした差がないように見える。

じつは、加藤嘉明が造った天守は、五重だった。当時は、いかにも大天守の風格で、小天守や隅櫓を従えていたことだろう。

嘉明のあとをうけて入封した蒲生忠知だったが、三十歳という若さで急逝し、蒲生家は断絶。翌年の寛永十二年（一六三五）、松平定行が十五万石で松山藩主となった。

定行の父は、松平定勝。家康の異父弟だ。於大《おだい》の方（家康の生母）は、家康を産んだあと、松平家を離縁され、久松俊勝に嫁いで三人の男子を産んだ。満天姫《まてひめ》（二代目弘前藩主・津軽信《のぶ》枚《ひら》の正室）の父である康元は長男。定勝は三男になる。つまり、満天姫とは従姉弟《いとこ》同士。家康からみると甥《おい》にあたる。

久松俊勝は、今川が滅んだあと、家康の家臣となり、その子たちは松平を名のった。

定行は、松山に入ると、さまざまな産業を起こし藩政の基礎を調えている。また、寛永十六年（一六三九）から三年かけて、城の改修も行った。そのとき、五重だった松山城の天守を、わざわざ三重に改築したのだ。

勝山はもともと南北の峰に分かれていたという。そのふたつの峰を削って谷を埋め、なだらかなひとつの尾根にして城を築いた。天守は、その谷に当たる場所に建っていたため、地盤が不安定で倒壊の恐れがあったからだというのが通説だ。すでに傾き始めていたという説もある。

一方、立派すぎる城を持つことは、幕府に対してはばかられたからともいわれる。親藩（徳川家一門および分家）といえども、容赦なく改易された時代である。そんな気遣いの成果かどうか、以後、幕末まで代々の松平氏が藩主を務めることになった。

火難の城

天明四年（一七八四）一月一日の真夜中、天守に雷が落ちた。そのまま燃え上がり、家中必死で消火したにもかかわらず、本丸の主要部分はすっかり焼失してしまった。

さて、幕府からは再建の許可がおりたものの、藩は財政難や飢饉《ききん》のために、なかなか着工できない。ようやく天守が落成したのは、焼失から七十年後の安政元年（一八五四）のことだった。

私たちが今、目にしているのは、その天守というわけだ。

それにしても、一八五四年といえば、ペリーが二度目に来航した年である。ほとんど江戸時代も終わろうかというときにできた天守だ。現存する中で、最も新しいものということになるが、どちらかというと古風な趣がある。まるで、幕府が全盛だった時代を懐かしみでもするかのようだ。

層塔式だが、最上階は廻縁《まわりえん》がめぐらされ、各層に破風を配している。入母屋破風にも千鳥破風にも反《そ》りがなく直線的なので、武骨な印象なのだろう。

戊辰戦争のあと、親藩である松山藩は、朝敵として追討される立場になった。一時は土佐藩に占領されたこともあったが、すぐに恭順の意を表し、十四代藩主・定昭《さだあき》が蟄居《ちっきょ》、松平姓をもとの久松に改めることでゆるされた。

城は廃城ということに決まったのだが、これも軍が使用していたので、保留となったようだ。明治二年（一八六九）に三の丸、明治五年（一八七二）に二の丸が、火災によって相次いで焼けたものの、本丸には多くの建物が残っていた。

ところが、昭和八年（一九三三）、放火のために、小天守、南隅櫓、北隅櫓などが焼失してしまった。

昭和二十年（一九四五）には、太平洋戦争の空襲で、太鼓門、巽櫓《たつみやぐら》、馬具櫓、乾門、天神櫓などが焼け、昭和二十五年（一九五〇）には、失火によって、筒井門などを失っている。

これほど火災を経験した城も少ない。だが、それでも大天守は残った。隣接する小天守まで火の手が迫っても、本丸に爆弾が落ちても、大天守はなんとか残ったのだ。

本丸広場

三の丸の周囲の土塁の上も、堀との間の細い小道も、遊歩道として歩けるようになっている。木々が立ち並ぶさわやかな道だ。堀の外は路面電車が通る市街地で、ときおり「坊っちゃん列車」が走っていく。夏目漱石の小説『坊っちゃん』にも登場する明治時代の機関車が復元されているのだ。だがやはり、目は緑で覆われた城山の上に行く。子規も漱石も、こうして見上げたことだろう。

〜其上に 城見ゆるなり 夏木立〜（正岡子規）

そのまま北に行って、今度は、古町口《こまちぐち》登城道、つまりかつての搦手《からめて》から、本丸をめざした。黒門口登城道と同じく、曲がりくねった山道だが、こちらもきちんと整備されている。

のぼりついたところに、乾門が建っていた。くぐれば、目の前の石垣は本丸本壇のものだ。右へ進んで紫竹門《しちくもん》を抜けると、本丸広場に出る。さすがに昼を過ぎたとあって、大勢の人でにぎわっていた。マドンナ姿の女性が数人、いっしょにカメラにおさまったり、シャッター役を引き受けたりと、観光客をもてなしている。はっぴを着たボランティアガイドの姿もたくさん見かけた。

とにかく、松山に来て感じたことは、誰もが人懐っこく親切なことだ。しきりに城の写真を撮っていると、「シャッターを押しましょうか？」と声をかけてくれる。道を尋ねると、気軽に連れていってくれる。ちょっと質問すると、聞いていないことまで教えてくれる。

「みなさん、本当に親切ですねぇ」

思わずガイドの方にそう言うと、

「そうですかねぇ。やっぱり、昔からお遍路《へんろ》さんをもてなしてきたけん……」

という答えが返ってきた。なるほど。そういえば正岡子規も世話好きだったようだ。折から陽も照ってきて、本丸広場全体が、明るく、活気に満ちているように感じた。

十五万石の城下哉

いよいよ、入閣料を払って本壇に入っていく。

ゆるやかな坂を右に曲がると、石垣で囲まれた間から、大天守がぬっとあらわれた。城の出入り口は、虎口《こぐち》と呼ばれる。もとは、小さく造るので「小口」という意味だったが、虎の牙にたとえて「虎口」と書かれるようになった。

一の門、さらに二の門と、牙をむいた虎の体内深く入り込んでいくような緊迫感がある。三の門をくぐったところが、大天守、小天守、南北の隅櫓にずらりと取り囲まれた空間だ。建造物が失われてしまった城跡を訪ねて想像をめぐらすのも楽しいが、やはりこの迫力は、建物がなければ味わえないだろう。

玄関多聞《げんかんたもん》と呼ばれる櫓の、せり出した唐破風の下に本来の玄関があるのだが、現在は大天守の地下の穀倉《こくそう》から出入りするようになっている。ここは米蔵として利用していた場所だ。

内部はすべてつながっていて、順路に従い、内門《うちもん》の渡櫓、玄関多聞、北隅櫓、十間《じゆっけん》廊下、南隅櫓、多聞櫓、小天守、筋鉄門の渡櫓へと進んでいく。

ところで、多聞というのは、長屋のこと。多門とも書いた。城壁と倉庫を兼ねて、石垣の上に長く続いた櫓が城にはよく見られるが、これが多聞櫓だ。

豊富な展示物を眺めながら進んでいるうちに、面白いものを見つけた。壁板の裏に、江戸時代の大工が描いたとみられる落書きが残っていたのだ。若い侍の似顔絵なのだが、お奉行様《ぶぎょう》なのだろうか。漫画風のタッチで、よく特徴をとらえているようだ。細面《ほそおもて》で、目をつりあげてふんぞり返っている。授業中にこっそり先生の似顔絵を描いて、見せ合っていたことを思い出した。昔も同じようなことをしていたらしい。

ぐるっとまわって大天守に戻る。一階には、武具甲冑《かっちゅう》試着体験コーナーがあった。本物そっくりの鎧《よろい》一式が二組置かれていて、装着手順の説明を見ながら、自由に着てみることができる。臑当《すねあて》(膝《ひざ》の下から足首に当てる)、佩楯《はいだて》(腰の前から左右に垂らして大腿部を覆う)、籠手《こて》(手全体を覆い包む)、胴、胴帯《どうおび》、袖《そで》、面頬《めんぽお》(頬当て)、最後に兜《かぶと》をかぶって完成だ。だが、ひとりで着るのは無理。着用してみたい人は、誰かといっしょに行くことをお勧めする。

二階が映像展示で暗かったせいか、最上階は、どこよりも明るく感じた。四方に大きく開いた窓。廻縁の高欄《こうらん》（欄干）越しにひろがる松山の街。北側にきらきらと光っているのは瀬戸内海だ。季節は違うが、

〜春や昔　十五万石の　城下哉〜（正岡子規）

の句を思い浮かべるところだろう。

この階には、なんと床の間がある。しかも、大天守のどの階にも天井がはられ、畳が敷けるように鴨居や敷居がある。戦闘用の設備が前面に出ているが、やはり平和な時代の天守なのだ。

登り石垣

天守を出て、また本丸広場を抜け、朝来た道を長者ヶ平までおりてきた。四つの道のうちの残るひとつ、県庁裏登城道をたどるためだ。この道は大正時代の初めごろにできた道で、最も新しい。だが、登り石垣を見ることができる。

登り石垣は、斜面の下から上へとのぼるように築いた石の城壁だ。日本の城では珍しいが、朝鮮半島の城にはほとんど備わっているという。加藤嘉明が、朝鮮出兵の際に見て、取り入れたものだ。南は、大手門から二の丸の南石垣までの約二キロ、北は、乾門下から二の丸北までの約二・八キロにわたる。本丸の下の斜面を二の丸と結ぶ線で取り囲んでいるというわけだ。

現存十二天守では、彦根城にも見られるが、松山城のほうが高さにおいても、長さにおいても、スケールが大きい。北側は荒れて、くずれた跡がところどころに見られるだけだが、南側は修復され、みごとな石垣が続いている。

最後に二の丸を訪ねた。ここは、松山市制百周年を記念して整備されたものだ。例によって、遺構は地下に大切に保存し、その上に、庭園を造って間取りを表現している。畳の部分は、縁《へり》を黒く塗り分け、板の間は、板をあらわす縦線を刻んでいるので、わかりやすい。それによると、廊下にも畳が敷かれていたようだ。

中央には驚くほど大きな井戸の遺構がある。東西十八メートル、南北十三メートル、深さ十メートル。井戸とは思えないほどの大きさだ。四方を石垣で囲い、両側から階段でおりていけるようになっている。これが御殿のほぼ中央にあって、その上に建物が建っていたという。現代人の感覚で見ると、地下の大浴場というほうがぴったりの雰囲気だ。

表御殿は柑橘園《かんきつ》になっている。伊予柑《いよかん》、夏蜜柑《なつみかん》、温州蜜柑《うんしゆう》、ネーブルやレモンまで、蜜柑王国の愛媛県らしく、さまざまな種類の柑橘類が植えられている。やみくもに木を植えているのではない。御殿の柱が立っていた場所に合わせて植えているそうだ。庭を掃除していた男性が、親しげに話しかけてきた。

「実がなると、来られた方にお裾《すそ》分けしとるんですよ。運がよかったらもらえますよ」

ちょうど、花の咲く季節。白い花が、さわやかな香りを庭園いっぱいに放っていた。「蜜柑が食べられるなら、冬に来たらよかったかな」……こんな思いがちらりとよぎったが、じつはこの季節、かすかに期待していたものがあった。ホトトギスだ。

ホトトギスは、嘴《くちばし》を大きく開けて盛んに鳴く。その口の中は赤い。そのため、「鳴いて血を吐くホトトギス」などといわれる。「子規」は、ホトトギスの別名。結核を患った彼は、自分をホトトギスになぞらえて子規と名づけた。

松山城は愛媛県の鳥獣保護区になっているだけあって、朝から、しきりに鳥の声が聞こえている。鶯《うぐいす》、目白《めじろ》、四十雀《しじゅうから》、小啄木鳥《こげら》……。子規の愛した松山城で、子規の声が聞こえるかと思ったのだが……。「テッペンカケタカ」という声は、ついに耳にすることができなかった。あきらめて帰ろうとした矢先、緑の木立をぬって、さわやかな風が吹き抜けた。

〜城山の　浮み上るや　青嵐〜（正岡子規）

7——丸亀城

香川県丸亀市

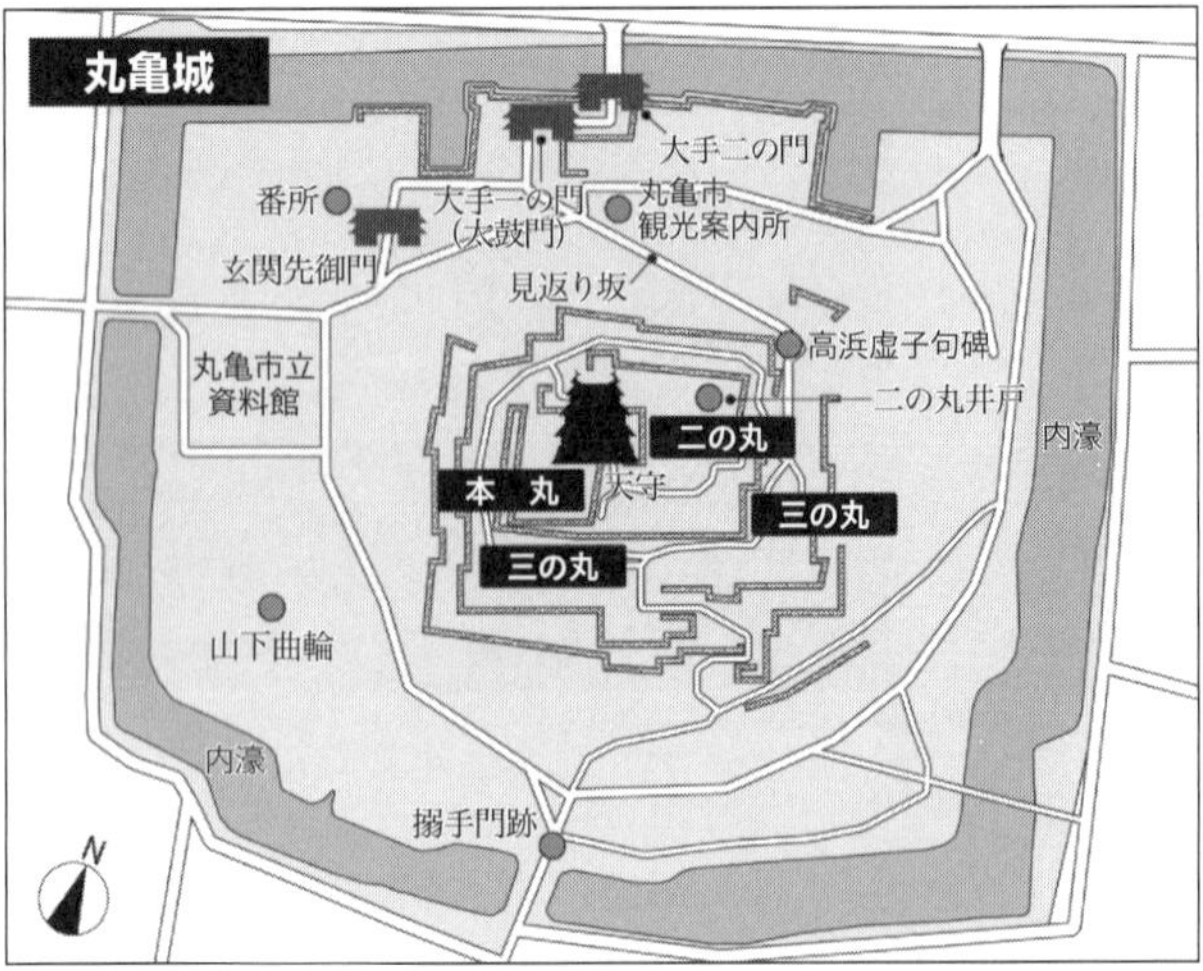

丸亀城
大手二の門
大手一の門
(太鼓門)
番所
丸亀市
観光案内所
玄関先御門
見返り坂
高浜虚子句碑
丸亀市立
資料館
二の丸井戸
二の丸
内濠
本　丸
天守
三の丸
三の丸
山下曲輪
内濠
搦手門跡
N

月と天守

月と天守……これほど取り合わせのいいものはないと思う。現在では、どの天守もライトアップされて、本来の月明りに照らされる風情を味わうことは難しそうだ。それでも、夜空に月があるとないとでは、全く趣が違ってくる。

丸亀には夜着いた。朝が待ちきれずに、とりあえず城のほうに歩いていった。群青《ぐんじょう》の空高く、天守が輝いている。その頭上に月がぽっかりと浮かんでいた。少し下の欠けた旧暦三月十一日の月だ。白壁が映えて清楚ともいうべき天守の姿を、月が見守っているようにも見える。思わず「昔の光いまいずこ……」と口ずさんでいた。

現存十二天守はどこも整備が行き届き、「荒城」という雰囲気ではない。だが時代が移り、取り巻く環境がすっかり変わった中で、屹立《きつりつ》する天守を見ていると、

〜月やあらぬ　春やむかしの春ならぬ　わが身ひとつは　もとの身にして〜（在原業平）

という歌が、そのまま天守のつぶやきに思えてくる。

そのまま吸い寄せられるように、大手門の前まで来た。広い濠に石橋がかかり、大手二の門が正面を向いている。

現存十二天守のある城の中で、大手門が残っている城は三つしかない。弘前城、高知城、そ

して、この丸亀城だ。

とくに丸亀城の場合は、大手一の門と二の門の両方が残っている。最も発達した虎口《こぐち》（城の出入り口）で、桝形《ますがた》虎口と呼ばれる形式だ。たとえば城兵が入城するときは、外側の門だけを開けて桝形に全員入れてしまい、外の門を閉める。そうしておいてから、内側の門を開けて中に入れるという。桝形の中で不審者の点検ができるわけだ。桝形という名も、四角い形が桝に似ているからという説のほかに、出入りする人数を桝のようにはかることができるからという説がある。反対に城を出る場合は、隊列を整える場にもなった。

丸亀城内は二十四時間開放されているとあって、大手二の門の扉は開いていた。のぞき込んでみると、右手には、さらに立派な大手一の門が控えている。こちらの扉も閉じてはいない。だが、扉の向こうには、はてしない闇が続いている。ひとたび門をくぐると、時空を超えてしまいそうな気さえして、この日はそのままホテルに戻った。

石の要塞

翌朝。うって変って、朝日に輝く天守を仰ぎながら、昨夜と同じ大手門をめざした。夜ではよくわからなかったが、丸亀城を見て、一番に目を見張るのは石垣の見事さだ。緑で覆われた城山の麓から、一段、二段、三段と螺旋《らせん》状に城壁が重なっていく。それらが屏風《びょうぶ》折《お》れになって複雑に組み合わさり、その頂点に三層の天守が端然としたたたずまいを見せていた。じつは、丸亀城の城山は、標高六十六メートルと、それほど高くない。だが、この石垣のせいで、ずっと高く感じる。

堀の幅はほぼ昔のままで、ほかの十二城と比べて広く感じるが、浅い。それでも鯉《こい》がたくさん泳いでいた。

今なら、ためらうことなく門をくぐれる。大手二の門のほうは、高麗門《こうらいもん》という形式だ。高麗といっても、日本で考案された門である。秀吉による朝鮮出兵のころに開発された最新式の門ということで、こう呼ばれるようになったらしい。正面だけでなく後ろの左右の控柱《ひかえばしら》の上にも小さな切妻屋根がのっている。正面の屋根の面積を小さくし、しかも、雨の日に開けていても、扉が濡れないという工夫だ。松山城には五基、姫路城には六基の高麗門が現存している。

大手一の門は櫓門《やぐらもん》。城の桝形虎口は、たいてい、このふたつの門の組み合わせで形成される。中に入ると、さらに大きな桝形になっていた。その左斜め前方に観光案内所がある。のぞいてみると、さまざまな意匠をこらした団扇《うちわ》が並んでいた。丸亀は現在、全国の九十パーセントを占めるほどの団扇の産地だ。江戸時代の初め、金刀比羅宮《ことひらぐう》に参拝する人々への土産物として考え出されたのが始まりで、武士の内職として発展した。入ってすぐ左が工房になっていて、予約すれば製作体験もできるという。やってみたい気持ちはやまやまだったが、ひとまずそこを出た。今回は時間が限られているので、ボランティアガイドをお願いしようと思っていたところだ。ちょうどそれらしい人が通りがかったので、さっそく声をかけた。

「お城をじっくり見たいんですけど……」

「ガイドは午前中までですが……」

最近はボランティアでガイドをしてくれる城が増えたが、それぞれでシステムが違う。

「はい。それで結構です」

その方はYさんといった。そのまままいっしょに見返り坂をのぼっていく。百五十メートルほど続く急な坂だ。

「思わず振り返りたくなるから、見返り坂というんですか？」

息をきらしながら尋ねると、表情も変えずに、

「ま、そうですね。角度的には十一度ですけど」

淡々とした答えが返ってくる。初めは口数の少ない人かと思っていたYさんだが、そうではなかった。言葉をたしかめるようにしながら、大変詳しく説明してくれる。ときおり、はにかんだような笑みがまじった。

「わぁ……。すごい！」

三の丸の高石垣の下で、思わず声をあげた。なだらかなカーブを描いて立ち上がり、上へ行くほど垂直に反り返っている石垣は、「扇の勾配《こうばい》」と呼ばれる。その曲線はあくまで優美。それでいて、高さは圧倒されるほどの迫力だ。

「このレベルの石垣は、伊賀・上野城、大坂城の三の丸、岡城などにもあるんですけど、大手門のところから四段階に重なった累計でいえば日本一です」

Yさんはあくまで冷静だ。積み方は、打込接《うちこみは》ぎ。

「ここの石垣は、石積みの技術が最高に達した時期のものです。それまでは、きちんと石を切りそろえてから積んでおったんですわ」

「あれ、切込接《きりこみは》ぎのほうが、新しい積み方じゃないんですか？」

「このほうが、速くできるということですね。ざっと削って、積むときに、石と石の隙間に鉄製の敷金《しきがね》を入れて、がたつきを抑えています」

なるほど。こうすると、工期が短縮でき、しかも自在に積めるということだ。それだけではない。

「石垣を積み上げたあとで、角のラインや表面を美しく加工してあるんです」

それで角が鋭角にとがって、しかも線を引いたようにぴしっとそろっているのだ。とくに丸亀城の石垣は、石が小さめで粒がそろっているように思う。これほどの石垣群に囲まれながら、繊細さを感じるほどだ。

「帯曲輪の石垣に、鑿《のみ》で線引きだけして、削るのをやめているところが残っています。あとで行ってみますか？」

「はい。ぜひ！」

このところ急にあたたかさを増してきたせいだろうか。石と石の透き間からずいぶん草が伸びている。

「三週間ほど前までは生えてなかったんですがね。六月ぐらいになると、石が見えないほどに茂ります」

「そうなんですか。でも、このままにしておくと石垣が崩れてしまいますよね」

「ええ。ま、この一面を私ひとりで刈ると、一週間ぐらいかかりますね」

「それは大変！」

温暖な地方ゆえに草の生長も速いことだろう。緑を歓迎してばかりはいられない。

城の伝説

地元の石工に羽坂重三郎《はさかじゅうさぶろう》という人物がいたらしい。石垣を築く名人と評判で、この城の石垣も彼の手になるという。期待どおりの石垣を完成させた彼に、城主は感心して言った。

「これほどの石垣ならば、のぼれる者はおるまい」

ところが彼は、「私ならのぼれます」と言い放ち、一尺（約三十センチ）の鉄の棒一本を使って石垣の隙間にさしながら、簡単にのぼってしまった。それを見た城主は「この男がもし敵にまわれば危険だ」と恐れを抱き、「井戸に抜け穴を掘るので調査をするように」と命じた。そして、彼が井戸におりたところへ、大きな岩を落として殺害してしまったのだった。二の丸に残っている井戸が、その井戸だという。とはいえ、この城主というのは誰のことかはっきりしない。

「ま、あくまで伝説ということですね」

Yさんがあっさりと言った。抜け道といえば、三の丸には、城外への抜け穴が通じているという井戸が残っている。それが、丸亀城で最も古い遺構だという。

丸亀城の最初の城主は生駒親正《いこまちかまさ》。彼の父親・親重《ちかしげ》は、土田《どた》政久《まさひさ》と生駒豊政《いこまとよまさ》の妹との間にできた子だが、豊政の養子になって、生駒姓を名のるようになった。母方の伯父の養子になったというわけだ。豊政の孫には、織田信長の側室になって、信忠、信雄《のぶかつ》、徳姫らを産んだ吉乃《きつの》がいる。

親正も、信長に仕えた。それが四十一歳のときだという。それまでに何度も名前を変えているのは、なかなか芽が出なかったためだろうか。だが、ようやく彼にも運がめぐってきたようだ。秀吉のもとでようやく軍功を重ねることができ、讃岐《さぬき》十七万石を領するまでになった。三中老にも名を連ねている。このころ、親正はすでに六十歳を過ぎていた。「人間五十年」といわれた時代だが、まだまだ彼の現役人生は続く。親正が讃岐を治めるために選んだ地は、高松。そこに城を築き、十年後、南を押さえる支城として亀山にも城を造ることになった。慶長二年（一五九七）、七十二歳のときだ。

関ヶ原の戦いでは、石田三成率いる西軍に与《くみ》した。秀吉には恩義を感じていたのだろう。とはいえ、嫡男・一正《かずまさ》は東軍につき、先鋒として活躍した。また彼自身も病気ということで出陣しなかったため、領地を失うことはなかった。翌年、一正が家督を継いで高松城主となる。

さらにその翌年の慶長七年（一六〇二）、亀山の支城が完成している。亀山というのは、山が亀の形に似ているからだが、親正・一正の親子はこの城を、丸亀城と呼んだ。亀といえば、仙人の住む蓬萊山《ほうらいさん》を背負っているという伝説もある。そこで、蓬萊城という別名もついた。このころの親正老人は、さながら仙人のように見えたかもしれない。蓬萊の仙人は不老不死といわれるが、さすがにそうもいかず、親正は丸亀城が完成した翌年、七十八歳で没した。

天下を手中に収めた家康は、元和《げんな》元年（一六一五）、一国一城令を発令し、自分の居城以外の城は、すべて破却せよと命じた。戦国の世は終わった、戦いの道具である城はもういらないというわけだ。この布令によって、数日のうちに四百もの城がとり壊されたという。

高松城の支城であった丸亀城も、廃城となった。建物だけでなく、石垣まで徹底的に壊されたらしい。現在、生駒氏時代の遺構は、発掘調査によって確認された石垣と、三の丸の井戸だけだ。この時点で丸亀城はなくなったのだ。

それから二十二年後、生駒家にお家騒動が起こった。江戸家老一派が藩政をほしいままにしたことが原因だ。国家老の訴えによって、家老たちは処罰され、生駒家は出羽国《でわのくに》・矢島一万石に転封となった。

その後、讃岐国は東西ふたつに分けられることになる。東は、松平頼重が十二万石で入り、高松城を居城とした。西の五万三千石は山崎家治《やまざきいえはる》が治めることになったが、城が要る。家治は、天下普請の大坂城築城の際、石垣を担当して、城造りの名人と評判をとった人物だ。

『生駒記』によると、彼は領内を見まわり、城をどこにするか検討したのち、「大志たる故」、亀山に城郭を構えることに決定したという。「大志」が具体的にどういうものかはわからないが、大坂城の経験を活かした城造りの構想が頭の中にあったのだろう。ところが老臣たちから、五万石の藩としては分不相応だと反対された。それを説得するのに時間がかかって、着工が遅れたとの記述もある。

城の修理でさえ「武家諸法度《ぶけしょはっと》」で厳しく制限されていたのだが、新しい藩だということで幕府から築城の許可が下りた。のみならず、白銀三百貫を賜り、参勤交代まで免除してもらっている。家治は老中から厚い信頼を寄せられていたというが、相当な切れ者だったようだ。

寛永二十年（一六四三）、城普請が始まった。廃城から二十八年の歳月が流れている。ところがその五年後、家治はこの世を去った。城は完成していない。それどころか、明暦三年（一六五七）には三代目の山崎治頼が八歳で病死してしまったため、山崎家は断絶してしまった。それでもまだ城は未完のままだ。

現在の丸亀城の大部分は山崎氏の時代にできたものだという。それにしても、家治の大志がいかに壮大だったことか。城の完成は、次の藩主にゆだねられた。

見せるための天守

現在、二の丸には一面に桜の木が植えられている。花はすっかり終わって、緑の葉が影を落としているが、半月ほど前は、桜色に覆われていたことだろう。

本丸にさしかかると、すぐ右手に天守が建っている。下から見上げたときには感じなかったが、実際は小さい。現存天守中一番の小ささだ。ところが、各階の面積の逓減率《ていげんりつ》（徐々に減らしていく率）を高くとっているので、大きく見えるということだ。その上、城山を高く見せる役割も果たしている。

層塔式で、南北の一重目には唐破風、東西の二重目には千鳥破風の装飾がついているだけのすっきりとした造りだ。よく見ると、大手門から見える北側にだけ、石落《いしおとし》がついている。西側は多聞櫓《たもんやぐら》（石垣の上に築いた長屋造りの建物）に連結していたということで、小さな入り口が開いているだけ。東西南北、見る方向によって、微妙に違う顔を持った天守だ。というより、外からいかに見えるかだけを重視して造られた天守といえるだろう。

中に入っても、それがよくわかる。狭いことに加えて柱が多く、内部は利用しにくそうだ。一応隠狭間《かくしさま》もあるが、すっかりふさがれている。有事の際には、突き破って利用する方式だ。

この天守は、京極高和《きょうごくたかかず》が完成させた。彼の伯父は、松江城主だった京極忠高。忠高には跡継ぎがなく廃絶となったが、甥の高和がお家再興を果たし、播磨国《はりまのくに》・竜野城主となった。万治元年（一六五八）、国替えで丸亀藩主となる。天守が完成したのは、それから二年後のことだ。

本丸は見晴らしがいい。はるかに瀬戸大橋が見える。視線を西にずらすと、象頭山《ぞうずさん》が、その名のとおり象のような形で横たわっている。金刀比羅宮は、象のお尻の中腹あたりにあるのだそうだ。真下の大きな道路がかつての金毘羅《こんぴら》街道。五街道あるうちのメインストリートだ。幕末ごろから金毘羅参りが盛んになり、その玄関口として丸亀は栄えた。じつは昨日、麓に残る日本最古の芝居小屋・金丸座《かなまるざ》で歌舞伎を見、千三百六十八段という長い石段をのぼって金刀比羅宮の奥社まで参拝してきたところだ。

賞金一千万円

再び二の丸を通り、搦手門《からめて》のほうへおりていった。山崎氏の時代は、こちらが大手だったが、京極高和の跡を継いだ高豊が、現在の場所に大手門を移したそうだ。

京極家は、そのまま藩主として、幕末を迎えることになる。早くから尊王攘夷の姿勢を示し、官軍に抵抗した高松藩の追討にもあたった。ほかの藩に先だって版籍奉還を願い出るという徹底ぶりだ。

城は陸軍の管轄となり存置城とされたが、城の中心部は険しく、平地部分が狭いということで、兵舎などは外に建設された。城内の建物は、明治九年（一八七六）ごろには、市中に売却されたり、老朽化のため取り壊されたりしたという。だが、天守と大手門は、旧幕臣たちの必死の保存運動によって、残されることになった。このあたりのいきさつについての詳しい記録もなく、彼らの名前は残っていない。さまざまな苦労を排して奔走したことだろうが、それらの秘話は、時の流れにかき消されてしまった。それでも、たしかに天守と大手門はここにある。彼らも本望だろう。

往時は、本丸の四隅にも二重櫓が建ち、多聞櫓《たもんやぐら》で連結されていたという。二の丸の入り口には櫓門、本丸に続く坂道には高麗門。二の丸の周囲にも二重櫓や多聞櫓が建っていた。これらの建物が、日本一の石垣の上にのっている光景はどれほど壮観だっただろう。

現在、丸亀市では、本丸を完全復元する計画がある。だが、そのための資料が不足しているということで、平成十六年（二〇〇四）から古写真などを一般にも呼びかけて探しているそうだ。完全復元ができるほどの資料を提供してくれた人には、なんと賞金一千万円！　ここに来る前に、丸亀市のホームページで見ていたので、Yさんに聞いてみた。

「なかなか見つからないようです」

文化庁の規定によると、国指定史跡では、建物を復元する場合、発掘によって遺構が確認できる、設計図がある、写真があるという三条件を満たすことが必要だという。そういえば松江城も、平成二十一年（二〇〇九）から、大手門を復元するための資料を、賞金二百万円をかけて募集中だ。

それにしても、資料に基づかず、観光用にそれらしい建物を建てているところも多い。建物を建てることが、かえって遺構を破壊する場合もあるのだ。真実を伝えられないのなら、そのままでいいのではないだろうか。

さてさて、一千万円を手にする人が出てくるのか、丸亀城が復元されるのか。なりゆきを注目したいと思う。

太鼓門

搦手門跡の向こうは、もう市街地で、道路を車が激しく行き交っている。昔は上士の屋敷が建ち並び、ここからまっすぐにのびる道が、かつての大手道だったという。

「土塁が残ってますが、行きますか？」

「行きたいですけど、Yさんのお時間は大丈夫ですか？」

午前中という話だったが、もう昼をまわっている。それでも、Yさんがすたすたと歩き出したので、ついて行った。

昭和四十年代ごろまでは、外濠も残っていたという。今では埋め立てられてしまって、細長い「外濠緑道公園」となっていた。片方は土塁の名残、もう片方は芝生。それだけのスペースだが、柔らかな緑にはさまれた道は、心を和ませてくれる。

再び搦手から城内に入ると、今度は左に曲がって、山下曲輪《くるわ》を案内してもらった。現在の野球場あたりには庭、市立資料館のある場所は、奥御殿。正室や側室たちの居住スペースで、そのまま表御殿へと続いている。その向こうに、玄関先御門と呼ばれていた御殿の表門と、番所や土塀が現存している。正門はこちらで、私たちは裏から入ってきたというわけだ。

「資料館にも入りますか？」

「はい。でもお時間は……」

　と言い終わらないうちに、中へ入っていく。こんな調子で、結局、初めに見た大手一の門の渡櫓《わたりやぐら》の中まで案内してくれた。

　江戸時代、この中で太鼓を打って時を知らせていたので、別名・太鼓門とも呼ばれていたという。見ると太鼓が置いてある。今でも正午には叩いているのだそうだ。この日も鳴ったのだろうが、全く気づかなかった。

　もうひとつ、外から見たときには気づかなかったが、石落を備えていることがわかった。庇《ひさし》の陰に、巧妙に設けた隠石落《かくしいしおとし》だ。

　ひととおり案内が終わって時計を見ると、一時を大きく過ぎている。何度もお礼を言って別れたが、Ｙさんは相変わらず、照れたような微笑みを静かに浮かべているだけだった。

月見櫓

　まだ時間があるので、再び城に戻って、説明を復習するように歩いてみた。草むらのあちこちに蒲公英《たんぽぽ》が花を咲かせて、萌葱《もえぎ》色をいっそうあたたかい色にしている。よく見ると、萼《がく》が反り返っていない。西洋蒲公英に押されてすっかり少なくなってしまった日本蒲公英だ。

ふと、黄色い花びらを黒い背にのせたような黄鶲《きびたき》が、飛んできて枝にとまった。そっと近づくと、別の枝に飛び移る。また近づくと逃げる。こんなことを繰り返すうちに、Yさんには案内してもらわなかった場所に来た。三の丸の巽《たつみ》櫓跡だ。案内板には「月見にはよい位置であったから、月見櫓とも呼ばれた」と書かれている。真っ正面には、飯野山《いいのやま》が、別名・讃岐富士と呼ばれる均整のとれた姿でそびえている。ということは、讃岐富士にかかる月を見ていたのだろう。

月見は、本来、美しい月を観賞するというよりも、収穫を感謝する行事としての意味合いを持っていた。民が潤うように、藩が豊かになるようにとの祈願も兼ねた月見は、城の行事としてもふさわしいといえる。月見櫓のあった城は多く、松本城には現存している。

昭和二十四年（一九四九）、ここを訪れた高浜虚子は、三の丸からの眺めを、

〜稲むしろあり　飯の山あり　昔今〜

と詠んだ。見返り坂の突き当たりに句碑が建っている。虚子が訪れたころは、一面、田んぼがひろがっていたのだろう。そこに敷きつめたように稲が実っている様子を、稲むしろという。

讃岐地方は雨が少なく、ため池がたくさんある。今でもところどころに残っているが、ずいぶん減ったそうだ。飯野山は昔と変わらないだろうが、稲むしろはもう見られなくなっている。

月と天守をいっしょに眺めるのもいいが、同じ場所で、昔の人々が見たであろう月を眺める

というのも、感慨深いことだろう。近ごろは中秋の名月の夜に、月見の宴などのイベントを催す城が増えた。丸亀城もそうだ。この三の丸で行われるという。しかも、CO^2削減・温暖化防止のキャンペーンとして、午後八時から十時まではライトダウンをするのだとか。

　栄枯は移るとも、いつの時代も、守り伝えていかなければならないものはあるものだ。かたわらを、五歳《いつつ》ぐらいの女の子が、手にいっぱいの蒲公英を摘んで駆けていった。一瞬、草の香りが、ふわっと香った。

8——備中松山城

岡山県高梁市

備中松山城

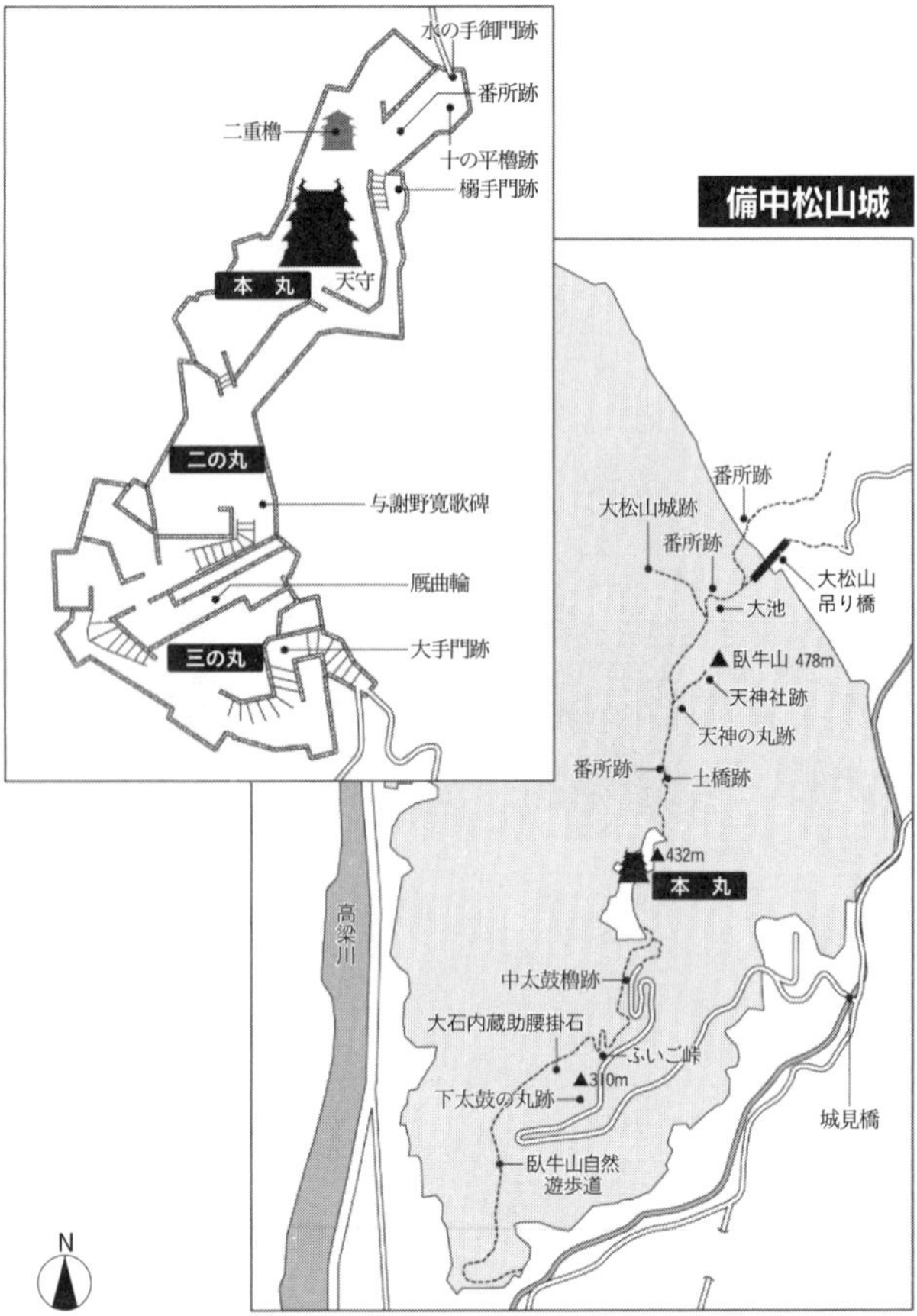
水の手御門跡
番所跡
二重櫓
十の平櫓跡
搦手門跡
本　丸
天守
二の丸
与謝野寛歌碑
厩曲輪
三の丸
大手門跡
番所跡
大松山城跡
番所跡
大松山
吊り橋
大池
臥牛山 478m
天神社跡
天神の丸跡
番所跡
土橋跡
432m
本　丸
高梁川
中太鼓櫓跡
大石内蔵助腰掛石
ふいご峠
310m
下太鼓の丸跡
臥牛山自然
遊歩道
城見橋
N

山城

城は、山城、平山城、平城の三つに大別されるが、日本に残る城跡の大多数は山城である。南北朝から室町時代にかけて、国人《こくじん》（地方豪族や地頭）たちが各地で争いを繰りひろげ、多くの山城を造った。城が築かれた山は、城山と呼ばれる。日本各地に残っている城山という地名は、城の存在を示すものだ。とはいえ、すっかり遺構が失われてしまって、かつて城があったことをしのばせるのは地名のみという場所も多い。

それらは、一般の人が「城」という言葉からイメージするようなものではなく、天守はもちろん、石垣すらなくても珍しくないほどだ。砦《とりで》といったほうが、わかりやすいかもしれない。戦いの際に逃げ込むためのものなので、たいてい険しい山の上に造られた。

備中松山城も山城だ。その歴史は古く、なんと鎌倉時代にまでさかのぼる。

後鳥羽上皇《ごとばじょうこう》が、鎌倉幕府を討とうと兵をあげた承久《じょうきゅう》の乱。北条政子が、御家人たちを前に、源頼朝の恩を訴え、幕府方の勝利に終わった話は有名だが、そのとき、秋庭重信《あきばしげのぶ》も幕府側についた。その功で有漢郷《うかんごう》（現高梁《たかはし》市有漢町）の地頭に任ぜられ、松山に出城《でじろ》（本城以外の城）を築いのが、はじまりだという。延応《えんおう》二年（一二四〇）のことだ。

城山は、草の上に寝そべる老牛に見立てて、臥牛山《がぎゅうざん》と呼ばれている。これは江戸時代からの呼び名で、それまでは、松山と呼ばれていた。「備中」とつけるのは、伊予の松山と区別するためだ。こちらの松山は四つの峰からなる巨大な山で、最高峰は標高四百八十メートル。南から、前山、小松山、天神の丸、大松山の四つの峰のうち、秋庭重信が最初に城を築いたのは、大松山だという。

この城山全体を復元した三百分の一の模型が、高梁市歴史美術館にあるというので、城を訪ねる前に寄ってみた。じつにリアルにできていて、城山の全体像をつかむのに最適だ。山の尾根づたいに曲輪《くるわ》（城の一区画）が点在している様子がよくわかる。見ているとわくわくしてきた。ヘリコプターにでも乗らないかぎり、こんな風に城を眺めることはできない。美術館は城山から少し離れているのだが、時間に余裕があれば、ここからスタートするのが一番かもしれない。なんといっても、実際の臥牛山は大きい。下から見上げても、天守どころか城の片鱗も見えない。ただ鬱蒼とした緑に覆われているだけだ。

今では、駅から八合目の鞴峠《ふいご》まで、乗り合いタクシーが運行されている。五号目の城見橋公園には無料駐車場があり、そこから鞴峠までシャトルバスで行くこともできる。

だが、本来の登城道は麓から歩いていく道だ。もちろん、こちらを選んだ。遊歩道という案内板が立っているが、山登りというほうが近い。

涙の雫

城山には、いたるところに「野猿に注意」という立て札が立っている。臥牛山は、天然記念物に指定された日本猿の生息地になっているのだ。「猿と目をあわさないこと。持ち物は猿の目にふれないようにすること」などと細かな注意書きが随所に掲げられている。ほとんど人の姿もない山道で、さすがにほかの城山とは比べ物にならないほど鳥の声が響いていた。季節は初夏。時鳥《ほととぎす》もしきりに鳴いている。その中に「キャッ、キャッ」と猿らしい声がまじると、思わずびくっとした。

とはいえ、もともとこうした中世の山城を訪ねるのが好きだった。人の手が入った城山は、かつて戦いの道具だったことも忘れられ、豊かな自然を誇る里山になっている。そんな場所で、地図を片手に、城だったころの名残を探していると、まるで宝探しをしているような気分になるのだ。斜面に沿って溝ができていると、竪堀《たてぼり》（山の斜面に縦に握られた空堀《からぼり》）の跡かもしれないと思う。平らに削られた場所があると、曲輪跡だろうかと思う。今は道なき道になってしまい、草に覆われてしまった場所にも、遺構があったらしい。

このように松山全体が要塞化したのは、戦国時代。三村元親《みむらもとちか》が城主になってからだという。『備中兵乱記』には、「二十一丸をば、犬の潜《くぐ》るべき様もなく、天は鳥も通わぬ體《てい》に拵《こしらえ》すましめ」とある。

それまでにも、備中松山城をめぐる争奪戦が繰りひろげられ、城主はめまぐるしく変わった。備中制覇の拠点として、最も重要な位置にあったことが原因だ。戦国時代になると、さらに、毛利元就、尼子晴久、織田信長、宇喜多直家らがからんで激化する。

三村元親の父・家親《いえちか》は、毛利元就の影響下で、尼子を牽制《けんせい》しながら、備中一帯を支配していた。ところが、宇喜多直家《うきたなおいえ》に暗殺されてしまう。家督を継いで備中松山城主となった元親は、父の仇《かたき》を討とうとするが、敗退。再度の機会をねらっていた。ところが、織田信長の脅威を感じた毛利元就は、宇喜多直家と手を結んでしまう。

元親は反発した。そして、信長の味方になることにしたのだ。それを知った毛利勢は、松山攻めを開始する。だが、頼りにしていた織田方の援軍は来ない。籠城《ろうじよう》半年、ついに、松山城は落城。いわゆる備中兵乱は幕を閉じた。元親は、菩提寺の松連寺《しようれんじ》で自刃《じじん》した。

~人といふ 名をかるほとや 末のつゆ 消えてそかへる もとの雫に~

老母にあてた元親の辞世だ。生年がわからないので、彼の一生が何年だったのかはわからない。人という姿は借り物で、もとの雫に返っただけ……。この辞世を手にして、母親はどんなに涙の雫を流したことか。

数々の戦乱をのみ込んだ備中松山城は、その分、多くの涙も吸い込んだ山だといえる。みずみずしい青葉は、それらの涙まで吸収して輝いているように見えた。

ヒーロー伝説

その後は、毛利方の城として城代が置かれていたが、毛利輝元が入城したことがある。尼子十勇士のひとり、山中鹿之助が、尼子家再興を図って兵をあげたときだ。播州・上月城《こうづきじょう》にたてこもる山中鹿之助ら尼子勢を攻めるための本陣を、この備中松山城とした。

山中鹿之助といえば、三日月に向かって「我に七難八苦を与えたまえ」と祈ったことで有名だ。困難を乗り越えてこそ人生……。そう思って生きた彼が、三十四歳で無念の最期を遂げた地でもある。上月城が降伏し、毛利の本陣へ護送される途中、麓を流れる高梁川の阿井《あい》の渡しで、不意討ちにあったという。今ではすっかり様子が変わってしまって隣はコンビニになっているが、かつて阿井の渡しがあったという落合橋付近には、彼の墓が城に背を向けて建っている。

その後、城は毛利の所有とはいえ、城主もなく、廃城同然の状態になっていたらしい。よみがえったのは、関ヶ原の戦いのあとである。

備中国は、毛利から徳川の管理下に移った。そして、備中国奉行《びっちゅうのくにぶぎょう》として、小堀正次がやってきた。小堀正次は、城が荒廃していたため、やむなく城下の頼久寺《らいきゅうじ》に入るが、四年後に急死してしまう。その跡を継いだのが、小堀政一、のちの小堀遠州《えんしゅう》だ。

小堀遠州作と伝えられる名園は、全国各地にある。確実に彼の作といえる遺構は、仙洞御所《せんとうごしょ》や二条城・二の丸庭園など、それほど多くないらしいが、庭園だけではなく、建築にも長じ、江戸城、駿府城、名古屋城、伏見城、大坂城など、主だった築城にはすべてかかわっている。その才能は茶道にも発揮され、晩年は、徳川家光の茶道の指南役となった。

そんな彼が、備中松山城の修築を手掛け、城下町を整備した。頼久寺の庭園も、彼の作だと伝えられる。

今でも、城下の街並みは美しい。武家屋敷が残り、白壁が続き、せせらぎが流れ、昔の面影と現代のよさがほどよく調和している。映画のロケにもよく使われる場所だ。小堀遠州の感性を受け継いでいるのかもしれない。

ふたりの内蔵助

相変わらず、山の中の道をひたすらのぼっていく。蔓空木《がくうつぎ》のまっ白な花が、緑に映えて美しい。

三十分以上、歩いただろうか。ちょうど、腰をかけるのにぴったりの大きな石があった。あの忠臣蔵で名高い大石内蔵助《おおいしくらのすけ》の腰掛岩《こしかけいわ》だ。

彼は、元禄七年（一六九四）、ここに来ている。というのも、小堀遠州のあと、備中松山藩主は池田氏、さらに、水谷氏《みずのや》に移った。水谷氏二代目の水谷勝宗《かつむね》は、小堀遠州の構想を受け継いで、この松山城を近代の城として完成させたといわれる。小松山に土塀をめぐらし、天守や櫓を設けた。現存する天守も二重櫓も、このときのものだ。さらに麓の御根小屋《おねごや》を整備し、そこで日常生活や政務を行った。現在の県立高梁高校の前に、御根小屋跡の石碑が残っている。

ところが三代目の勝美《かつよし》が若くして急逝。水谷氏はお家断絶となる。一口に断絶というが、領地は没収、残された大勢の家臣たちは路頭に迷ってしまう。はい、そうですかというわけにはいかない。この備中松山藩でも、再三、幕府に存続の願いを出している。それでも聞き届けられないとあって、籠城の上、武士の意地を見せようという声まで上がっていたらしい。

幕府から、備中松山城の接収を命じられたのが、赤穂藩《あこう》だった。そのため、家老の大石内蔵助がやってきたというわけだ。

水谷家の家老は、鶴見内蔵助。このふたりの内蔵助が話し合い、家臣たちに対して誠実な説得を続け、ついに無血開城を成し遂げたという。ふたりの間に、友情にも似た思いが通い合ったのかもしれない。この後大石内蔵助は、一年七か月の間、在番として備中松山城に滞在した。その間、登城の際には、この石に腰かけて休んだという。

さっそく腰をかけてみた。木々にさえぎられているが、昔なら城下を見渡せただろうか。座り心地がよく、不思議と鷹揚な気持ちになる。温厚で寛容だったという大石内蔵助の人柄が乗り移ったかのようだ。それにしても、備中松山を去った八年後、今度は自分が鶴見内蔵助と同じ立場に立つとは、思ってもみなかったことだろう。

ひと息入れたあと、さらに十分ほど歩くと、細かな石段が見えてくる。これをのぼると鞴峠だ。駐車場と自動販売機のある休憩所になっている。ようやくここで昼食をとることにした。ずいぶん前からお腹がすいていたのだが、猿が出てきては困ると思って我慢していたのだ。

登城心得

シャトルバスは、鞴峠と城見橋公園をピストン運行しているので、客をおろすと、待っている客を乗せてすぐ出ていく。ここからはみんな歩かなければならない。高札が立っている。きれいな筆文字で、

「登城心得《とじようこころえ》　忘れ物なきよう身支度《みじたく》すべし　城主」

と書かれている。「ははっ」というわけで、身支度を整え、ふたたび歩き始めた。

先程のぼってきた山道の続きには、

「登城心得　松山城へは右の道を進むべし　城主」

との高札もある。だが、まず駐車場を少し下ったところにある下太鼓の丸跡に行ってみることにした。

麓の御根小屋から、小松山までは遠く険しい。そこで、中間地点に下太鼓の丸、中太鼓の丸を設け、城主の登城や有事の際には、太鼓を打ち鳴らして知らせていたという。どんなふうに叩いていたのか、興味深い。

やはり、見晴らしがきく場所が選ばれたのだろう。下太鼓の丸跡からは、御根小屋のあった南側が一望できる。櫓跡が残り、井戸らしき遺構も見られる。説明板によると、四段の平坦面が尾根沿いに続いているということだが、それらを結ぶ石段も崩れ、生い茂る草で遮られて、確認することはできなかった。

そこで高札どおりの右の道をたどり始める。山城らしい右へ左へと大きく曲がりくねった道だ。しばらく進むと、

「登城心得　あわてずゆっくり歩むべし　城主」

仰せに従って、ゆっくり歩いていくと、

「登城心得　この先足もと悪《あ》しきにつき気をつけて歩むべし　城主」

親切な城主だ。もう十分ほど歩いただろうか。

「登城心得　この辺りがちょうど中間地点である　しばし休まれよ　城主」

「しからばお言葉に甘えて」……とばかり休ませていただいた。

この地点より少し手前に、舗装された道路と合流する石段がある。道路には休憩用の東屋《あずまや》が

建っていた。ここから見る景色は圧巻だ。山、また山の滴る緑が、なだれるように折り重なっている。山の表情は、春が「山笑う」、夏は「山滴る」、秋は「山装う」、冬は「山眠る」と形容されるが、まさに、これぞ山滴るという光景だ。それぞれの季節の表情もさぞダイナミックなことだろう。ことに秋の豪華な錦をまとった姿は、想像するだけでもため息が出る。

そういえば、この山は樹木の種類が多く、樅《もみ》の木などの常緑樹から広葉樹まで、豊かな自然を誇っている。もちろん、今は青楓としてほかの青葉に埋もれている伊呂波紅葉《いろはもみじ》も、ひときわ鮮やかに色づいて目を楽しませてくれるに違いない。

ほどなく中太鼓の丸跡、その上に上太鼓の丸跡が続く。

次は、どんな高札が出てくるのだろうと、いつしか探しながら歩くようになっていた。

前方にそれらしきものが見えてくる。あった、あった、あった！

「登城心得　よくぞまいられた　城主」

天空の城塞

上太鼓の丸跡からさらに十数分、ここが大手門跡だ。

右手に犬走り口がある。犬走りは、土塁や石垣の外側の細長い小路《こみち》のこと。犬が一匹通るほどの幅という意味だ。ここから搦手まで続いていたようだが、途中で崩れてしまって、たどれそうもない。

しかし、初めはそんなことに気づきもしないほど、大手門前の背後の石垣に目を奪われてしまった。自然のままの岩肌がむき出しになっている。その上に、何段にも打込接《うちこみは》ぎの石垣が連なっているのだ。天然の要塞と人の力が合わさって呈する奇観は、これだけで見る者を圧倒する迫力がある。しかも、かつてここには櫓門が建ちはだかり、その向こうには漆喰の土塀が累々と重なっていたわけだ。これほどの山の上に、近世の城郭が忽然とあらわれるのだから、訪れた人はびっくりしたことだろう。

足軽箱番所、その上に、上番所や足軽番所のあった三の丸。さらに石段をのぼると厩《うまや》曲輪に出る。厩というからには、馬を飼っていたのだろう。かなり広い。ここにどれほどの馬がいたのかと思うと、また驚きだ。

二の丸の入り口には、鉄門と呼ばれる櫓門があった。その跡まで来るとようやく天守が見える。二重二階。現存する天守の中では、最も低い。だが、二の丸より一段高い本丸の天守台の上に建つ姿は、堂々たるものだ。大きな連子窓にかぶさる唐破風がとくに印象的である。何といっても、ここまでのぼって来てやっと拝めることが、天守の風格を倍増させている。

鉄門を入ったところに、与謝野寛（鉄幹）の歌碑があった。昭和四年（一九二九）に、ここを訪れたという。

〜松山の 渓《たに》を埋《うず》むる 朝霧に わが立つ城の 四方《よも》しろくなる〜

碑はないが、晶子もいっしょだった。

〜高梁を 霧のまばらに まくものか 山の都を かざるけしきに〜

という歌を残している。そういえば、ここにのぼってくる前、麓の天神社の前で、地元のおばあさんが話しかけてきた。

「これからお城に行くの？」

「はい」

「私はもう九十やけど、昔のぼったとき、目の前一面、霧の海やった。もうほ〜んまに、その情景が忘れられへん」

与謝野夫妻も、谷を埋め尽くす真っ白な海を前にして立っていたのだろう。備中松山城が、天空の城塞といわれるゆえんだ。やはり、霧の出やすい秋にもう一度来てみたい。

だが、与謝野夫妻が見た本丸の景色は、今とは全く違っていたはずである。

最後の血

城は、大石内蔵助から、安藤重博に引き渡され、安藤氏転封のあとは、石川氏、そして、板倉氏へと移り変わった。ここでようやく、めまぐるしく変わった城主の座は落ち着き、そのまま幕末を迎えることになる。

幕末の藩主は、名君として知られる板倉勝静《かつきよ》。農民出身の学者であった山田方谷《ほうこく》を抜擢して、藩政改革を成功させた。先代までの間に十万両にまでふくらんだ借金を、八年間ですべて返済し、さらに十万両の蓄財ができたというのだから、現代の日本にも彼のような人物があらわれてほしいものだ。

改革の成功により、勝静は、幕府の中枢としても活躍するようになる。とはいえ、井伊直弼が大老のとき寺社奉行になったものの、安政の大獄に反発して罷免。のちに老中となるが、今度は孤立して老中職を解かれるなど、浮き沈みが激しい。どうも意志が強く、流されない人物だったようだ。最終的には、影の首相的な存在となり、徳川慶喜と行動をともにした。そのため、朝敵の汚名をきせられることになる。

勝静が不在の備中松山城では、最後まで戦い抜こうという意見もあったらしい。それを説得して、朝廷に恭順の意を表したのも、留守を預かっていた山田方谷だった。

それでも、家老・熊田恰《あたか》が、百五十余名の命とひきかえに、ひとり自刃した。

城番や代官を加えると、十九氏で四十六代もの交代劇を繰りひろげ、たびたび戦いの舞台となってきた備中松山城は、最後の最後まで血を流させて、その役目を終えたのである。

明治六年（一八七三）、廃城と決まり、御根小屋はすぐに取り壊された。ところが、山上の建造物や石垣は、撤去するだけでも莫大な費用がかかる。そのため、そのまま放置された。

昭和に入って保存の気運が高まり、昭和十五年（一九四〇）、やっとのことで天守、二重櫓、土塀の解体修理が行われた。着工直前の写真が残っているが、破風《はふ》は傾き、壁や瓦ははがれ落ち、見るも無残な姿だ。

与謝野夫妻が目にしたのも、この荒れ果てた本丸だっただろう。

平安の祈り

本丸の周囲を取り巻く塀や、門、平櫓は、平成九年（一九九七）に復元されたものだ。石段をのぼり、本丸南御門をくぐると、目の前が天守。ここへきて初めて、自然の岩盤の上に、さらに石垣で組んだ天守台にのっていることがわかる。

五の平櫓の前には、備中宇治茶の給茶器が設置され、自由に飲めるようになっていた。鞴峠を過ぎれば自動販売機もないので、これはありがたい。

天守の中へは、八の平櫓とつながっていた接続廊下《つなぎろうか》から入る。七段しかない段梯子《だんばしご》をのぼると天守の一階だ。

挟間《さま》や石落《いしおとし》も備わっているが、珍しいのは、東側の武者走りが広くなっていて、そこに囲炉裏《いろり》がきってあることだ。長さ一間《けん》（約一・八メートル）、幅三尺（約九十センチ）。籠城時の城主の食事や暖をとるためのものだそうだ。説明板によると、激しい争奪戦が繰り返された経験から生まれたものだという。

もうひとつ、戦乱をくぐり抜けてきたことを象徴するものがあった。北側に設けられた、一段高くなった部屋だ。武者隠しのように、内部をすっかり隠すことができる。しかも、床下には石を隙間なく入れ、忍びの者でも侵入できないようにしているらしい。装束の間と呼ばれ、籠城の際、城主一家の居室になる部屋だ。というよりは、落城したときの死に場所としての意味合いのほうが強いのかもしれない。静かに、誰にも邪魔されずに死ねる場所なのだ。

二階へあがる階段は細く、直進できないよう、踊り場を設けて左へ曲がっている。あがってみると、正面は広い床の間のようになっていた。これも独特の造りで御社壇《ごしゃだん》と呼ばれる。備中松山藩の守護神として十を数える神々をここに祀り、事あるごとに盛大な祭典を行ったとある。何度でも何度でも、平安を祈らずにはいられなかったのだろう。

天守の裏手に回ると、二重櫓へ続いている。中には入れないが、こちらも現存の建造物だ。飾りの破風もなく、素朴な造りになっている。

再び本丸南御門をくぐって、今度は本丸の北側を、搦手門跡、番所跡、十の平櫓跡、水の手御門跡とたどっていった。このあたりまでが、小松山城ということになる。ふつう、備中松山城というと、この小松山城をさすことが多い。たいていの人は、天守、せいぜいここまで見て帰ってしまうのではないだろうか。だが、さらに先がある。

大松山城

板を埋め込んだ坂道をくだると、橋が見えてきた。今は木の橋がかかっているが、かつては土橋だったそうだ。その向こうが番所跡。落葉が降り積もる道を、かさこそと踏みしめながら、黙々と歩く。さすがに誰にも会わない。

と、斜面からガサガサッと音がした。ついに猿と遭遇か……と思ったら、大きな蛇が長い体を伸ばしたまま、滑り落ちてきたのだった。あわてて坂道をかけのぼる。

「もう大丈夫」と思ってほっと立ち止まったところが、天神の丸跡だった。臥牛山の最高峰で、歴代城主が安泰を祈った天神社があった場所だ。武士の子どもたちは、元服すると必ずここに参詣したという。廃藩置県後、荒廃してしまい、御神体は麓にある龍徳院の片隅に祀られるようになった。平成六年（一九九四）、新しい社殿が新築され、臥牛天神社として再興されている。

天神の丸跡から、さらにくだっていくと、目の前が開けて、突如、石垣で四角く囲われた大池が姿をあらわした。長さ十四・五間（約二十六メートル）、幅四・五間（約八メートル）というから、池というより濠に近い印象だ。これほどの山深い場所にたっぷりと水をたたえ、青い空や緑の影を映している。大石内蔵助の記録によると、当時は、日照りが続いても涸《か》れないように、屋根がかけられていたそうだ。近寄ってよく見ると、水馬《あめんぼ》がかすかな波紋を描いていた。

三叉路《さんさろ》を左へ曲がると、大松山城の大手筋になる。井戸跡を見つけた。その先、右手が本丸跡だ。木の間《こま》隠《がく》れに、近代的な大吊り橋が見えた。左手は二の丸、三の丸。さらに、段々になって、先にも曲輪跡が続いているようだが、藪が深く、途中で引き返した。中世の山城としては、かなり大規模な城だったことが想像できるが、今は、枯葉と草木の中に埋もれつつある。

大池に戻って今度は左におりていくと、番所跡、さらに切通《きりどおし》堀切《ほりきり》へと続く。斜面をすとんと削って通した空堀だ。このまま山の反対側へおりていけたようだが、ここも草が繁茂していて道がわからない。

ついでに、大松山城の本丸から見えた大吊り橋まで行ってみた。周囲は山。橋の向こうも山。だが、道は続いている。どこにでも道があるものだと思う。それにしても静かだ。こんなにのどかな場所で、かつて合戦が繰りひろげられたことが嘘のようだ。

とはいえ、のんびりしてはいられない。日が傾きかけている。山の日暮れは早い。これから、また来た道をおりなければならないのだ。下り坂は膝にくる。足もとがかなりおぼつかなくなりながらも、大急ぎで大手門の前まで戻った。

ここまで来たら明るいうちに麓にたどり着くだろう。ふと、例の高札がこちら向きに立っているのに気がついた。

「登城心得　本日の登城大儀であった　城主」

9——彦根城

滋賀県彦根市

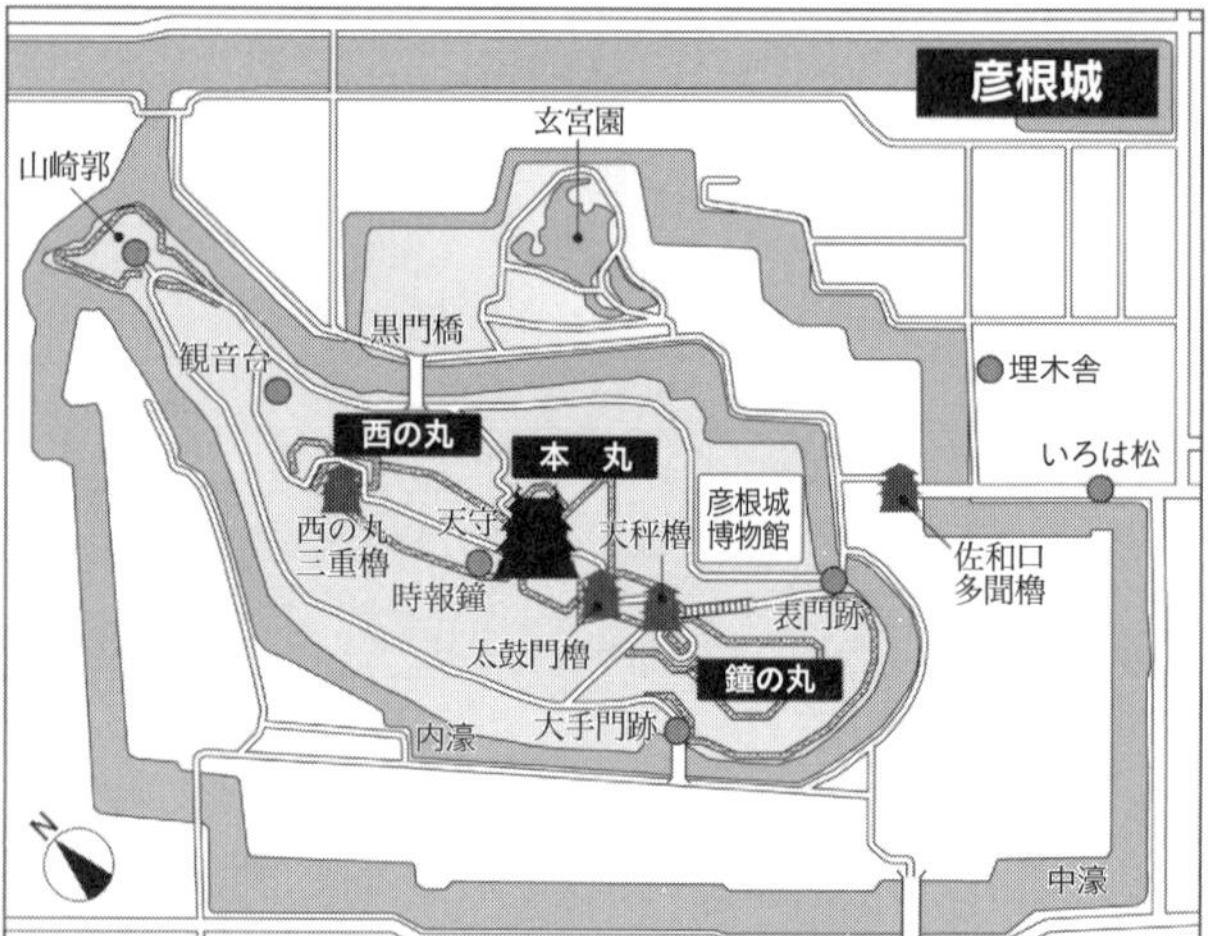

彦根城
玄宮園
山崎郭
黒門橋
観音台
埋木舎
西の丸
本　丸
いろは松
彦根城
博物館
西の丸
三重櫓
天守
天秤櫓
佐和口
多聞櫓
時報鐘
表門跡
太鼓門櫓
鐘の丸
内濠
大手門跡
N
中濠

除夜の城

夕方の吹雪はおさまったが、まだ、ちらちらと小雪が舞っている。

今日は大晦日《おおみそか》。彦根城は、博物館や埋木舎《うもれぎのや》以外は年中無休なので、この日も、平常どおり入城できる。とはいえ、わざわざ私が大晦日の日を選んだのには、訳がある。

石段をのぼり、天秤櫓《てんびんやぐら》を抜けて、天守に向かう石段の途中にある時報鐘《じほうしょう》。今でも、六時、九時、十二時、十五時、十八時の計五回、係員が鐘をついて時を知らせてくれるのだが、その鐘を、大晦日の夜は一般の人がつけるというのだ。鐘は、もともと鐘の丸にあったらしいが、城中に響き渡るようにと、現在の場所に移された。井伊直弼《なおすけ》の兄の十二代藩主・井伊直亮《なおあき》のときに、響きを良くするため、大量の小判を混ぜて鋳造し直したという。

除夜の鐘をつくことができるのは、現存天守のある十二城の中では、彦根城だけだ。昭和六十二年（一九八七）、古城博覧会の年に始まった「除夜の鐘をつくつどい」以来、毎年実施されている。

朝から、正月準備を終えた彦根城をゆっくり見てまわり、十七時の閉門と同時に一旦外へ出た。

そして二十二時半ごろ、開放された表門から入場した。わずかな灯りをたよりに、真っ暗な石段をのぼっていく。

鐘の前に着いたときには、前に一組のカップルがいるだけだったが、あとからあとから絶え間なくやってくる人が列に連なって、またたく間に最後尾が見えないほど長くなっていった。あとで聞いた話だが、最終的に三百人もの人が来たそうだ。

さすがに冷える。ダウンのロングコートの下に厚手の毛糸のセーターを着込み、ブーツの中や背中にカイロを貼って完全防備をしてきたが、それでも寒がりの私はじっとしていられない。温かい昆布茶のふるまいが始まると、まっさきにとんでいって寒さをしのいだ。だが、彦根の人たちは寒さに慣れているのだろうか、それほど厚着でもないのに、じっと、静かに順番を待っている。

一番前の人に、「どうぞ」という声がかかった。年が変わろうとしている。今年もさまざまなことがあった。新年を迎えるために、旧年を取り除くから除夜。そう思うと、一年の感慨がこみ上げてくる。順番がまわってきた。

「力いっぱいついてくださいね」

その言葉どおりに、思いっ切り撞木《しゅもく》の紐を引っ張った。

話を大晦日の朝に戻そう。ここへ来るのは何度目だろうか。

中濠沿いの「いろは松」を見ると、「彦根城に来たのだ」という実感が湧く。いつ見ても登城道らしい雰囲気を漂わせている松並木だ。

往来の邪魔にならないよう、地上に根を張り出さない土佐松という品種をわざわざ高知から取り寄せたという。切り株を入れて数えても三十五本しかなかったが、いろは四十七文字にちなんで命名されたというように、もとは四十七本の松が並んでいた道だ。

さすがに人影は少ない。代わりに、車が次々とスピードをあげて走り抜けていく。

彦根城は、かつて三重の濠に囲まれていた。現在、外濠はほとんど埋められてしまい、中濠と内濠だけになっている。その中濠に面して、佐和口《さわぐち》、京橋口、船町口、長橋口の四か所に門があったというが、いずれも明治の初めに解体されてしまった。

いろは松は、佐和口の門跡へと続く。今は、石垣と柱の跡の残る礎石が、名残をとどめるのみだ。門跡の左手に、かろうじて残った二の丸佐和口多聞櫓が、白壁を連ねていた。右手にも白壁が続いているが、こちらは昭和三十五年（一九六〇）に開国百年を記念して復元されたものので、開国記念館となっている。

佐和口多聞櫓の裏手には、元禄時代に建てられた馬屋も残っていた。城内にこのような大規模な馬屋が残っている例はほかにない。一頭ずつ仕切りがしてあり、甕《かめ》を埋めて、排泄物の世話がしやすいようにしている。二十一頭がつなげるようになっていたが、明治に南側が壊されたというから、もっと大きかったのだ。

当時の馬を再現した模型も置いてあった。時代劇に登場するサラブレッドのような馬ではなく、ずんぐりとした日本在来種だ。そう思うと、騎馬武者や合戦のイメージもずいぶん違ってくる。テレビや映画ほどかっこいいものではなかっただろう。

ところで、関ヶ原の戦いまで、この地は石田三成の領地だった。勝利をおさめた家康は、京都、さらに西国をおさえる要衝でもある三成の遺領を、井伊直政に任せた。このことだけでも、直政が、家康からいかに厚い信頼を寄せられていたかがわかる。

以後、井伊家は、江戸時代を通して、一度も転封を経験していない。彦根藩主といえば、井伊氏以外にいないのだ。

その礎《いしずえ》を築いた直政は、十五歳のとき、家康の小姓として取り立てられ、合戦の度に目覚ましい働きを見せた。その功績は、のちに、酒井忠次、本多忠勝、榊原康政《さかきばらやすまさ》とともに、徳川四天王に数えられるほどだ。

中でも井伊の軍勢は、徳川最強といわれる。軍備のすべてを赤で統一し、甲冑は、藩主から家臣に至るまですべて朱漆塗《しゅうるしぬり》。これは「井伊の赤備《あかぞな》え」と恐れられ、先鋒は必ず井伊隊が受け持つという慣例も生まれた。

そんな武門の誉れ高い家柄のため、彦根藩では平和な時代になっても修練を怠らず、馬術にも熱心だったというわけだ。

天下普請

直政はまず、三成の居城であった佐和山城に入った。ところが、関ヶ原で受けた鉄砲傷が悪化し、慶長七年（一六〇二）、四十二歳の若さで亡くなってしまう。

直継（のちの直勝）が跡を継いで、彦根山に新しい城を築くことになった。大坂城には豊臣秀頼がいる。豊臣恩顧の大名たちも残っている。そのおさえとなる城を、急いで造る必要があったのだ。

家康の命によって、十二の大名が動員され、築城を手伝うことになった。いわゆる天下普請だ。佐和山城はもちろん、周辺の寺や大津城、安土城、長浜城などの石材が再利用された。

慶長十二年（一六〇七）ごろ完成した天守は、大津城の天守を移築したものといわれる。ほかにも、天秤櫓は秀吉が長浜城に建てた大手門。西の丸三重櫓も、現存している櫓の前身が、浅井《あざい》長政の小谷城《おだにじょう》天守。明治に失われた山崎郭の三重櫓が、長浜城天守だと伝えられる。リサイクルの城とはいえ、天守級の建物がずらりと並ぶ豪華な城だ。

そして慶長十九年（一六一四）、大坂冬の陣が始まった。生来病弱であった直継は病に臥《ふ》せっていたため、弟の直孝が兄の代理で先鋒を務めている。翌年の大坂夏の陣の前には、正式に直孝が家督を継いだ。このとき、直継は上野国《こうずけのくに》・安中《あんなか》三万石を与えられて別家となったので、彦根藩二代藩主は、直孝ということになっている。

直孝の活躍によって、井伊家は十八万石から三十万石に加増し、幕府領の預かり米五万石を加えて三十五万石。譜代筆頭となった。

突貫工事で築城した彦根城は、大坂の陣が終わったのち、彦根藩単独で整備し直さなければならなかったため、結局、合計十九年の歳月を費やして完成した。

武将としてだけでなく、閣僚としても有能な人物であった直孝は、江戸幕府の礎をかためる上でも力を発揮している。そのため、ほとんど江戸詰めだった。四十五歳以後、七十歳で没するまでは、一度も彦根の土を踏んでいない。没後は、世田谷区の豪徳寺に葬られた。

この豪徳寺に直孝の面白いエピソードが伝えられている。

ある日、鷹狩りの帰りに貧しい寺の前を通りがかると、白い猫が手招きをしていたそうだ。それにつられて、この寺でひと休みすることにしたというから、彼は猫好きだったのかもしれない。すると激しい雷雨が降ってきた。直孝は、おかげで雷雨にあわずにすんだと感謝し、この寺を菩提寺として取り立てたのだという。貧乏寺から、井伊家の立派な菩提寺へ。文字どおり、招き猫が運を招いてくれたのだ。

彦根城の人気キャラクター「ひこにゃん」も、この猫をモデルにしているそうだ。こちらも彦根城の観光客動員に大いに貢献している。招き猫の威力はたいしたものだ。

天秤櫓

内濠沿いに表門橋のほうへ歩いていく。

土塁の下部にめぐらした石垣を腰巻石垣《こしまきいしがき》、上部の石垣を鉢巻石垣《はちまきいしがき》というが、彦根城の内濠の岸はこれらを多用している。表門橋の南から大手門にかけてなど、腰巻石垣と鉢巻石垣を併用している。石垣の間の斜面には緑が淡く残っていた。

ところで、彦根城も、本来は大手門が正面だった。城の西を向いているということは、西国をにらんでのことだったのだろう。

江戸時代の間にも、便宜上、正門の位置が変わる場合がある。弘前城は北門が、丸亀城は搦手門が、当初の大手門だった。彦根城も、名前はそのままだが、大坂の陣後、参勤交代に便利な東側の表門が、正門の機能を果たすようになったらしい。

とはいえ、表門から入っても、大手門から入っても、石段をのぼって行き着く場所は、本丸下の大堀切《おおほりきり》、つまり大きな空堀なのだ。何も思わずに通り過ぎてしまいそうだが、石段をのぼって鐘の丸から見下ろすと、ただの通路ではないということがよくわかる。鐘の丸と本丸とを結んでいる廊下橋は、非常時になると切り落とされる。そうすると、前方は大きな空堀となり、本丸へ行くことができない。本丸の背後、三の丸の北側にも大堀切がある。ここにも木橋がかかっていて、同じ仕組みになっている。

さて、本丸の入り口に、廊下橋を中心として左右に広がっているのが、天秤櫓だ。両端の、分銅をのせるお皿の部分は、二重櫓になっている。この形式は、彦根城にしかない珍しいものだという。それにしても、一見、左右対称に思える天秤櫓だが、よく見ると屋根の向き、窓の数などが違う。日本人は左右対称を好まないという話を聞いたことがあるが、たしかに、ほかの城の建築物を見ても、わざと対称になるのを避けているような気がする。自然を愛する日本人にとって、左右がぴったり同じというのは不自然ということなのだろうか。

立派な注連縄《しめなわ》が飾られた天秤櫓の入り口をくぐると、次は太鼓門へと続く石段をのぼる。その途中の左手に、時報鐘があるのだ。ちょうど係員が、午後三時の鐘を叩いているところだった。

太鼓門の向こうが本丸なのだが、この太鼓門がまた特徴的だ。渡櫓《わたりやぐら》の本丸側に高欄がついている。いわば、縁側付きの櫓門といえばいいだろうか。その名のとおり、太鼓を叩いて登城合図をするための櫓だったので、音がよく響くための工夫だそうだ。鐘に太鼓、さまざまな手段を使って伝達しなければならないほど、規模が大きいということだろう。ここもほかの建物と同様、移築したもののらしいが、どこの城からのものかはわかっていない。

めでたい天守

彦根城の天守は、華麗という形容がぴったりだ。一重目は、大きな入母屋破風《いりもやはふ》の下に切妻破風を比翼《ひよく》に（ふたつ並べて）配し、二重目には唐破風。その唐破風には金色の飾り金具がほどこしてある。側面の一重目には比翼千鳥破風。二重目には大きな千鳥破風。三重目の唐破風にも同じように金の飾り金具があしらわれている。その上には、金箔をはった鯱鉾。窓は華頭窓（上が尖ったアーチ型の窓）を多用していて、すべて黒く縁取られている。造形の美しさにあわせて、白と黒と金色の取り合わせが絶妙だ。

彦根城の天守は、この美しさゆえに、命拾いをしたといえるかもしれない。

明治十一年（一八七八）、明治天皇が、彦根を巡幸した。彦根城の建物は取り壊されることが決定し、すでに解体工事が始まっていたという。ところが、明治天皇に随行していた大隈重信《おおくましげのぶ》が、壊してしまうには惜しい城だと天皇に奏上したのだとか。その結果、保存が決まっただけでなく、下賜金までもらえることになった。

今では、国宝だ。

『井伊年譜』には、「天守ハ京極家ノ大津城ノ殿守也《てんしゅなり》、此《この》殿守ハ遂《つい》ニ落不申《おちもうさず》目出度《めでたき》殿守ノ由《よし》、家康公上意ニ依《より》て被移《うつされ》候《そうろう》由」と記されている。関ヶ原の戦いで、大津城主だった京極高次《たかつぐ》は家康側についた。そのため西軍の激しい攻撃を受け、ついに降伏したが、天守は最後まで落ちなかった。家康は、縁起のいい天守だから彦根に移築するように命じたというのだ。

家康が見込んだとおり、解体寸前となっても、この天守はついに落ちなかった。

さて、彦根城の天守は、一見、独立式天守のようだが、正確には複合式天守だ。北側から多《た》聞櫓《もんやぐら》と附櫓《つけやぐら》がつながっている。本来は、右手に隣接している小さな平屋の扉が玄関なのだが、現在は多聞櫓の出入り口が使用され、混雑時だけ、本来の玄関を出口にしている。

多聞櫓から入ってまっすぐ進み、附櫓に入る。さらに左手の階段をのぼって天守に入った。上を見ると、むき出しの梁がさまざまな形に曲がっていて、優美な外観と対照的に、力強さを感じさせる。隠挟間《かくしさま》や武者隠しなどもさりげなく装備されていた。

破風が折り重なって描く屋根の形が、窓ごとに違って見えるのも面白い。

そして、最上階。廻縁《まわりえん》がめぐっているのかと思ったら、破風をはさんで四隅に高欄をつけているだけだった。もちろん飾りなので歩くことはできないが、天守をさらに美しく、格式高いものにしている。

西の丸

天守を出て本丸広場に戻ったとき、礎石が点在していることに気がついた。築城当初の短い期間だけ、藩主の住居として利用されたにすぎないのだが、幕末までここに御広間と呼ばれる御殿があったそうだ。

大坂の陣後、表門のそばに表御殿ができ、藩主の住居もこちらに移された。この表御殿も明治に取り壊されたが、現在では復元されて、彦根城博物館になっている。主に藩政をとり行った「表《おもて》」は、外観だけの復元。藩主の生活の場である「奥」は木造で、庭も絵図を参考に当時の様子を忠実に再現しているということだ。

表と奥の間あたりに、能舞台がある。これは、十一代の井伊直中《なおなか》が造ったもので、表御殿解体後、井伊神社、沙々那美《さざなみ》神社、護国神社と移転したのち、もとの場所へ戻ってきた。現在、定期的に能や狂言が上演され、鑑賞できるようになっている。

とはいえ、この日は年末で彦根城博物館は休館。後日、再び来ることにして、本丸東側の着《つき》見台《みだい》に立った。北に目をやると、琵琶湖が見える。今までに見たことがないほど、この日は波が荒れていた。

そのまま西の丸へと向かったが、ここで突然、吹雪になった。ちょうど西の丸の隅に現存の三重櫓が見える。急いで駆け込んだ。三重櫓の両側に多聞櫓が接続していて、「く」の字形になっている。西の丸に面するほうには窓がなく、外側だけに窓がついている。ここは、搦手方《からめて》面からの敵に対する守りの要《かなめ》。外を見ると、矢のような雪が真横に流れていた。

思わぬ吹雪の攻撃にとまどってしまったが、櫓の中をひと通り見学し終えたころには、嘘のようにやんでしまった。彦根城にはまだまだ見どころがある。ぐずぐずしてはいられない。

大堀切にかかる木橋を渡って、馬出し（兵の出入りを確保するため、城門の前に設けられた郭）の機能を備えた出郭《でぐるわ》（主な郭から離れて設けられた郭）へ。江戸時代には、人質を入れたこともあって、人質郭とも呼ばれた場所だ。

さらに山崎山道を下ると観音台がある。その昔、藤原氏が持っていた観音様を本尊とする寺が建っていたという。その観音像が、黄金の亀の背に乗っていたところから、金亀山《こんきさん》彦根寺と名づけられたのだとか。彦根城の別名・金亀城もここからきている。

その先が、彦根城の北の端・山崎郭だ。

彦根城の内濠の内側には五つの門があった。大手門、表門、裏門、黒門、山崎口門だ。それぞれに櫓門があったのだが、どれも石垣だけになっている。この山崎門だけは、石垣の間にかろうじて木の扉の部分が残っていた。とはいえ、風雨にさらされ、今にも朽ちてしまいそうだ。

その扉の向こうに、大晦日の夕陽が、今年最後の光を投げて傾こうとしていた。

二期桜

時計を見ると、十六時半。玄宮園《げんきゅうえん》は十七時までだが、少しでもと思い、黒門を出た。

近江八景を模したともいわれる庭園をめぐりながら、目の前の金亀山をふり仰ぐと天守がそびえている。なんとも贅沢な借景だ。なんでも唐の玄宗皇帝《げんそうこうてい》の離宮をなぞらえて、玄宮園と命名されたそうだ。

建物部分は楽々園と呼ばれる。「民の楽を楽しむ」という藩主の心をあらわしたものともいわれ、江戸時代には、玄宮園とあわせて彦根藩主の下屋敷だった。槻《けやき》材でできていることから槻御殿《けやきごてん》とも呼ばれる。その中には、耐震構造になっている地震の間もあるというのだが、もう時間切れ。玄宮園を出て、内濠沿いに表門の方角へ歩いて行った。

ここでまたもや、激しく吹雪《ふぶ》いてきた。たちまち、天守はけぶり、橋にも道にも雪が積もっていく。

雪のせいで、もう薄暗い。枯れ枝に雪が花を咲かせている……と思ったら、本当に花が咲いていた。近寄ってみると、なんと、この時期に桜だ。二期桜といって、春（四〜五月）と冬（十一〜一月）の年二回、開花する品種だとか。昭和四十七年（一九七二）四月に、水戸市から贈られたという。

水戸といえば……。安政七年（一八六〇）三月三日、桜田門外で大老・井伊直弼を殺害したのが、水戸の浪士たちだ。

それから約百十年を経た昭和四十三年（一九六八）、彦根市と水戸市は親善都市となった。本丸にある梅は、そのとき水戸から寄贈されたものだ。彦根からは、濠の白鳥を贈ったという。現在、濠には白鳥と仲よく泳ぐあでやかな黒鳥《こくちょう》の姿が目をひく。漆黒の羽に真っ赤なくちばし。この鳥も、水戸からの贈り物だ。

二期桜のそばには『花の生涯』の記念碑が建っていた。第一回NHK大河ドラマになったことを記念して建てられたものだ。原作は舟橋聖一の小説で、井伊直弼と側近の長野主膳、村山たかという実在の人物を主人公に描いている。私もずいぶん前に夢中で読んだ。

幕府の掟として、藩主が横死した場合はお家断絶と決まっていた。ところが、彦根藩は直弼の死を隠し、嫡男・直憲に継がせてから死亡を発表した。その二年後、虚偽の申し出をしたということで、彦根藩は十万石を削減される。藩内でさえ、直弼の藩政を否定する動きが起こり、長野主膳は斬首され、村山たかも三条河原に生きさらしになった。

だが、直弼たちの功績を改めて評価したのが、『花の生涯』だ。

除夜の鐘を待つ間、今日は行けなかった埋木舎を訪ねたい思いがつのっていった。

埋木舎

再び彦根を訪れたのは、梅雨のさ中。あいにくの大雨だった。

今度は、いろは松から佐和口に進まず、中濠沿いを右に曲がる。白壁沿いにしばらく歩くと、質素な木の門が見えてきた。井伊直弼が、十七歳から三十二歳までの間、過ごした場所だ。

井伊家では、嫡子以外は他家に養子に出るか、そうでなければ、わずかな捨て扶持《ぶち》をもらって生活するという制度が確立していた。十一代藩主・井伊直中の十四男として生まれた直弼は、養子のもらい手がなく、結局、三百俵をあてがわれてここで暮らすことになったのだ。三百俵を石高に直すと約百石。彦根藩の家老たちが数千石から一万石であるのに比べて、格段に少ない。

〜世の中を よそに見つつも 埋れ木の 埋れておらむ 心なき身は〜

彼は、自らこんな歌を詠んで、ここを埋木舎と名づけたという。

消えかかった「埋木舎」という文字の上に、「大久保」という表札がかかっていた。不思議に思って、入り口の受付で尋ねてみると、

「井伊直弼の側近に、大久保小膳《こぜん》という人がいましてね、その功績に対して、小膳が、井伊家からここを賜ったんですわ」

「じゃあ、今でも大久保さんの所有なんですか」

「そう、小膳から五代目になります」

大久保小膳なら、『花の生涯』にも登場する。桜田門外の変を、早駕籠《はやかご》で彦根に知らせた人

物だ。彼は腹に白木綿を巻きつけ、水以外断食、昼夜兼行で駕籠を走らせ、四日あまりで彦根に着いたという。変の起こった日は、旧暦三月三日だというのに異例の大雪だった。その悪条件でもこの速さだ。

また、藩は保身のため、直弼執政中の重要文書をすべて焼却するよう小膳に命じた。その際、焼いたと報告し、密かにすべてを保管しておいたという逸話も登場する。発覚すれば切腹覚悟。彼のおかげで、厖大《ぼうだい》な資料が残された。

門を入ると、小さな庭に、馬に水を飲ませるための小さな井戸がある。そのかたわらに柳の木が立っていた。

~むっとして　もどれば庭に　柳かな~

直弼が座右の銘にしたという俳人・大島蓼太《りょうた》の句が添えられている。直弼は、柳の木の、風に逆らわない風情を愛したそうだ。埋木舎を「柳王舎《やぎわのや》」「緑舎《みどりのや》」とも呼んでいる。

「この柳は直弼のころからあったんですか？」

「いや、柳はそんなにもちません。これは二代目です」

ここは、庭から室内を見る形になっている。くぐり戸から中庭に入ると、よく手入れされた草木が雨に濡れて、いっそうみずみずしさを増していた。じつに種類が多い。その中で、直弼も見たであろう木は、樹齢百五十年といわれる栗の木だけだそうだ。

ちゃかぽん

「予《よ》は一日に二時《にとき》（四時間）眠れば足る」

こう言って、直弼は自己研鑽《けんさん》に打ち込んだ。そんな彼につけられたあだ名が、「ちゃかぽん」だ。「ちゃ」は茶の湯、「か」は歌、「ぽん」は能の鼓《つづみ》をさす。

棟続きに、彼が造った茶室、澍露軒《じゅろけん》も残っている。法華経の「甘雨の法雨を澍《そそぎ》て、煩悩の焔を滅除す」からの命名だ。彼はここで茶の湯の集大成『茶湯一会集《ちゃのゆいちえしゅう》』を完成させた。有名な「一期一会」は、山上宗二《やまのうえそうじ》の「一期に一度の会」という言葉をもとに、直弼が説いた言葉だ。

〜抑《そもそも》茶湯の交会は、一期一会といひて、たとへば幾度おなじ主客交代するとも、今日の会にふたゝびかへらざる事を思へば、実に我一世一度の会なり〜（『茶湯一会集』）

そして、客の姿が見えなくなるまで見送ることとし、いつも実践していた。

埋木舎には、彼の詠んだ歌も、数多く展示されている。が、それはほんの一部。その数は一千首を超えるという。

そして、「ぽん」に代表される能への造詣も深く、自ら演じることはもちろん、新作を書いたりもしていた。

ほかにも、陶芸、禅、居合術《いあいじゅつ》など、どれも超一流の域に達している。このまま一生を終えれば、それぞれの道で名を残したのではないだろうか。だが、相次ぐ兄の死で、運命の波は十四男の彼を彦根藩主、やがて、幕府大老の座にまで押し上げてしまった。

もしかしたら、日本という国が、彼に鎖国を終わらせる役目を求めたのかもしれない。このタイミングで開国の調印ができた人物は、彼しかいなかっただろう。

普通、城門や武家屋敷の門は、防御力の強い外開きの扉になっているが、ここは珍しく引き戸になっている。幕末の汚名を一身に被ったような直弼だが、平和な時代にこそ、もっともふさわしい人物だったのかもしれない。

このあと、表御殿跡の彦根城博物館を見学し、内濠に囲まれた内郭の周囲をぐるりと歩いた。彦根城の登り石垣（斜面の下から上へとのぼるように築かれた石の城壁）は五か所に築かれている。表門跡、大手門跡、西の丸三重櫓の下、黒門の手前、裏門跡からそれぞれ斜面を見上げると、登り石垣の一部がうかがえる。脇には竪堀《たてぼり》（斜面に垂直に掘られた堀）が掘られ、石垣の上には瓦塀《かわらべい》までのっていたらしい。

今度は中濠のまわりを一周してみた。ところどころに武家屋敷の長屋門が残っている。城の北側まで来ると、もう琵琶湖に近い。かつては、直接琵琶湖に接していたのだ。その名残か、濠には、小さな頭が水面に沈んだり出たりしている。鸊鷉《かいつぶり》という鳥が、もぐりながら魚をとっているのだ。古名を鳰《にお》という。琵琶湖は昔、「鳰の海」と呼ばれていた。

街の中にも、昔の面影をしのべる場所がたくさんある。もっとゆっくり散策したかったが、雨がひどくなったので、あきらめることにした。

帰り道、ふと振り返ると、天守がこちらを見ている。しばらくして、また振り返るとまだ見ている。まるで、見えなくなるまで見送られているようだ。その姿に、井伊直弼のまなざしが重なるような気がした。

10——姫路城

兵庫県姫路市

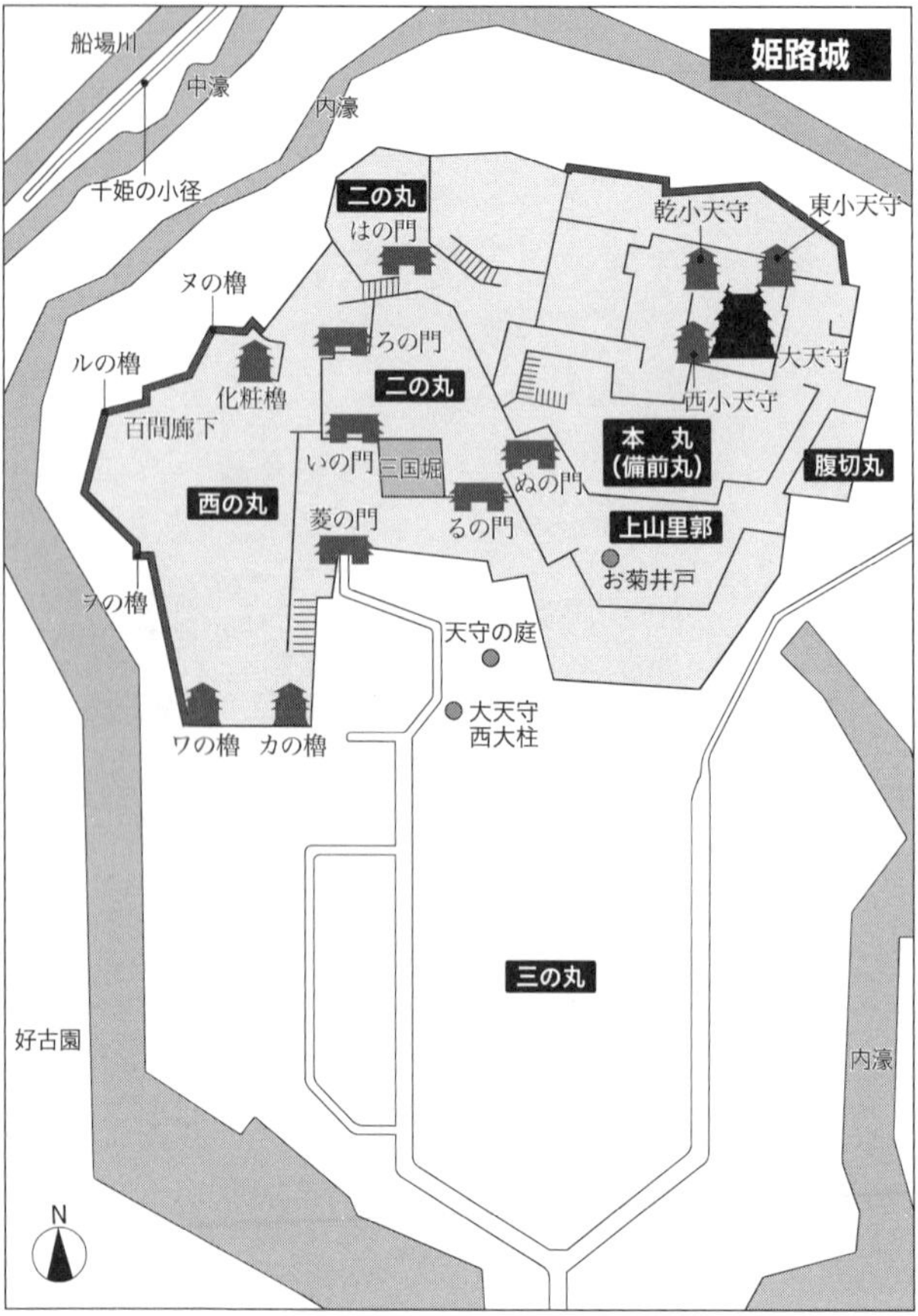
姫路城
船場川
中濠
内濠
千姫の小径
二の丸
はの門
ヌの櫓
ろの門
ルの櫓
化粧櫓
二の丸
百間廊下
いの門
三国堀
西の丸
菱の門
るの門
ヌの門
ヲの櫓
ワの櫓
カの櫓
乾小天守
東小天守
大天守
西小天守
本　丸
(備前丸)
腹切丸
上山里郭
お菊井戸
天守の庭
大天守
西大柱
三の丸
好古園
内濠
N

城と日の出

まだ夜明け前の暗いうちから、券売所の前には続々と人が集まってきていた。姫路城は例年、元日は無料開放される。しかも、平常は午前九時からだが、元日だけは午前七時から入城できるので、天守から初日の出を拝むことも可能だ。

とはいえ、日の出時刻は七時十分ごろ。ここから十分ほどで天守の最上階まで行くのは、かなり厳しい。噂では、先陣争いさながらの光景が繰り広げられると聞いていた。そのため、今まで気がすすまなかったのだが、今年、平成二十二年（二〇一〇）四月十二日からは、大天守保存修理工事のため、しばらく天守への登閣ができなくなる。そう思うと、一度は経験しておこうという気になった。

早めに来たつもりだったが、すでに数十人の人が並んでいる。若者が多い。昨夜は彦根城で除夜の鐘を待つ列に連なり、年明けの今日は姫路。こちらも負けないほど寒い。だが、静かにじっと待っていた彦根の人々とは対照的に、姫路はにぎやかだ。みんな、体をじたばた動かしながら、「寒い、寒い、寒い……」を連発している。

六時半になると、係員がおもむろに誘導を始めた。あれっ？「何としても天守まで走り抜くぞ」と覚悟を決めてやってきたのに、勝手が違う。

「列を乱さないで、ゆっくりついてきてくださいよ」

粛々《しゆくしゆく》と動き出した列は、「菱《ひし》の門」の前で一旦止まった。華頭窓《かとうまど》（上が尖ったアーチ型の窓）の枠や武者窓（太い格子《こうし》のついた窓）の格子を金箔《きんぱく》で飾った最も華麗な櫓門も、薄闇の中にひっそりと沈んでいる。列を整えて「いの門」「ろの門」「はの門」……。時々止まっては進む。いろは順に名づけられた門は、天守に近づくにつれて低く小さくなっていった。「ほの門」まででくると、さらに水一門から水五門まで続く。この「水」という名前の由来は、火除けのまじないとも、見ず……つまり、奥深くにあって目に触れない門という意味をかけているともいわれる。

それにしても、いくつ門をくぐっただろう。次第に空が白んでくる。結局、大天守の中に入っても列をくずさないまま、最上階まで到着したのだった。

万一、事故が起こってはいけないので、今回このような措置をとったとのこと。少々拍子抜けしてしまったが、このあとが大変だった。

次から次へと人が押し寄せてくる。狭い最上階は満員電車のように押し合いへしあい。風情も何もあったものではない。運よく東側の窓に張りついていたので、格子の間から、輝きに満ちた初日を拝めたものの、殿様気分で「天晴《あっぱ》れ、天晴れ」というわけにはいかなかった。外から、天守の背後にのぼってくる朝日を眺めたほうが、感動したかもしれない。

ちなみに松江城も、有料だが元日に天守にのぼれるようになっている。こちらは六時半からで、登閣は先着五十名に限られるそうだから、もっと快適に拝めることだろう。

優美な戦士

日の出の瞬間を見ようと殺到した人たちも、しばらくすると潮が引くように減っていった。天守最上階には、姫路城の守護神を祀るお社《やしろ》がある。初詣も兼ねてお参りした。

守護神というのは、この姫山に古代から鎮座する地主神《じぬしがみ》で、刑部大神《おさかべおおかみ》という。通説によると、光仁天皇《こうにんてんのう》の皇子・刑部親王とその娘・富姫《とみひめ》をさすそうだ。とはいえ、光仁天皇にそのような皇子や姫がいたという記録はなく、詳しいことはよくわからない。にもかかわらず富姫は、泉鏡花の『天守物語』の主人公にもなり、宮本武蔵に名刀を授けたという伝説にも登場する。城にゆかりを持つこの女神に、なにか特別な物語を重ねてみたい気がするのだろう。神社は城外に移されたり、祟《たた》りがささやかれて「との三門」の高台に祀られたりと、さまざまな変遷を経たが、現在はここで姫路城を守り続けている。

ところで姫路城には、一見、廻縁《まわりえん》がないように思える。じつは松江城や松本城と同じく、廻縁を内部に取り込んだ形になっているのだ。つまり、廻縁の外側を外壁で覆ってしまっているというわけだ。

大天守内の急な階段は、上部が封鎖できるようになっている。各階には、火縄銃、槍《やり》、弾薬袋などの武具を掛けるための釘が打ちつけられ、武者隠し、石打棚《いしうちだな》（本来は投石用の棚で、見張りや攻撃のために人が乗る台）、石落《いしおとし》、挟間《さま》など、城に備えられるべき戦の設備はたいてい調っている。その上、地階には、籠城に備えて、トイレや調理用の流し台まで設置されていた。これらを見ながら薄暗い天守内を歩いていると、改めて、ここは戦いの場所だということを思い知らされる。

とはいえ、長押《なげし》にはていねいに釘隠《くぎかくし》（釘の頭を隠すための飾り）がほどこされ、最上階の釘隠は金箔《きんぱく》押しにするなど、ほかの城に比べると優美さを感じる箇所も多い。

反対に、外見は優美そのものの姫路城も、鋭い牙を隠し持った要塞だ。迷路のような細い道は、行き止まりに見えたり天守から遠ざかったり、緻密に計算されたトリックが隠されている。その間に、さまざまな攻撃設備、防御設備を調えた盤石の城なのだ。

だが、姫路城は一度も戦火にまみえることはなかった。戦う必要がなくなった今は、その美しさだけが目をひく。何といっても白を基調とした色合い。壁や塀だけでなく、屋根にまで白漆喰《しっくい》をあしらっているところが、優美な雰囲気をかもし出している。

五重六階地下一階。三基の小天守を渡櫓《わたりやぐら》で結んだ連立式天守は、下から見上げれば、屋根が幾重にも重なり合い、真っ白な垂木《たるき》（屋根を支えるために棟から軒へと渡す木材）が整然と並んで、さまざまな幾何学模様を描いていた。

軒丸瓦《のきまるがわら》と軒丸瓦の間から、フリルのように垂れている瓦は、滴水瓦《てきすいがわら》だ。高麗瓦《こうらい》とも呼ばれ、雨水がうまく滴り落ちるようになっている。中国や朝鮮半島の様式で、秀吉の朝鮮出兵の折、それを見た武将たちが築城の際取り入れた。

松本城にも用いられているが、屋根と屋根の谷間などに限られるのに対して、姫路城はふんだんに使われている。

ふと滴水瓦から、雨水が滴っている様子を見てみたいと思った。子どものころから何度も姫路城に来たが、雨の日の記憶はない。滴水瓦から滴り落ちる雨のしずくが城全体を包み、宝石をまとっているように見えるのではないだろうか。

西国将軍

姫路は、山陽道を押さえる西国の要衝。城主はめまぐるしく変わった。

赤松氏に始まって、小寺氏、山名氏、再び赤松氏、小寺氏、黒田氏。だがここまでは、砦程度の小さなものだった。

本格的な城を構えたのが、羽柴秀吉だ。三木城を落とした秀吉は、三木城を毛利攻めの前線基地にしようと考えていた。ところが、そのときの姫路城主・黒田官兵衛孝高《よしたか》が、毛利を攻めるには姫路のほうが適していると進言し、自分の城を秀吉に譲り渡したという。

やがて、石垣をめぐらし、三重の天守を持つ姫路城が完成した。

その後、秀吉の弟の秀長が入り、秀長が大和郡山《やまとこおりやま》へ移ったあとは、秀吉の正室・北政所《きたのまんどころ》の兄・木下家定が城主となって、関ヶ原の戦いを迎えることになる。

勝利した家康は、要である姫路城を、有能で信頼のおける人物に託そうとした。それが、池田輝政だ。

輝政の父は、池田恒興《つねおき》。信長、秀吉と仕え、豊臣・徳川がぶつかった小牧・長久手の戦いで討ち死にした。いわば、家康が父の仇《かたき》ともいえるわけだ。そんな輝政を、秀吉は、身内同様に目をかけた。羽柴の姓、のちには、豊臣の姓を名のることをゆるしている。

家康の娘・督姫《とくひめ》との縁談をとりもったのも、身内と思えばこそだったのかもしれない。

督姫は、北条氏直に嫁いだものの、氏直の死後、徳川家に戻っていた。

輝政のほうにもそれまで正室がいなかったわけではない。摂津・茨木城主・中川清秀の娘・絲《いと》姫を娶《めと》っていたのだが、嫡男・利隆が産まれたあと、体調がすぐれないとの理由で離縁している。

秀吉没後は、何といっても家康の娘婿ということがものをいった。関ヶ原では、家康率いる東軍の先鋒として戦い、その功で、播磨《はりま》五十二万石の領主となる。のちに、督姫が産んだ次男・忠継へということで備前二十八万石、さらに三男・忠雄《ただかつ》にも淡路六万石の加増があり、あわせて八十六万石。押しも押されもせぬ大大名となった彼は、西国将軍と呼ばれた。その上、家康からも、松平姓を賜っている。

実際、輝政は武勇、知性を備え、人望もあり、名将の器だったという。そんな彼が、新しい城を築き始めた。

傾いていた天守

輝政が姫路に来たのは慶長六年（一六〇一）。そこには、秀吉の築いた天守があったはずだ。輝政は、それをわざわざ解体して、盛り土をした上に、新しい天守台を築いた。

昭和の大修理で、秀吉時代の天守の礎石が、今の大天守の一・五メートルほど下から発見されている。石高にみあった、新しい時代を象徴する天守を……。彼の構想は膨らんでいったことだろう。

そうして、慶長十四年（一六〇九）、壮麗な天守が完成した。築城には八年の歳月を費やしたことになる。

この天守の重さが、どれほどのものか想像がつくだろうか。なんと約五千七百トン。それが、東南に約四十四センチ傾いていた。長年の地盤沈下のためという説明がされているが、築城当初から、天守が傾いているといわれてきたようだ。

〜東かたむく姫路の城は　花のお江戸が恋しいか〜

こんな俗謡まで残っているほどだ。それを気に病んで、城を築いた大工の棟梁・桜井源兵衛が天守から飛び降り自殺をしたとも伝えられる。

昭和の大修理では、地盤沈下を防ぐために土台を鉄筋コンクリートにした。もとの礎石は、券売所の東側に「天守の庭」として再現されている。

この巨大な姫路城の大天守も、望楼型天守だ。とはいえ、単純に基部に望楼をあげただけではない。石垣の中に当たる地階の上に、二階建ての基部、三階部分、四階部分、そして五、六階と、四つの箱を積み上げるようにできている。そして、これだけでは不安定なので、地階から最上階床まで、二本の大柱を通して支えているのだ。その太さは、幅約九十五センチ、奥行幅七十五センチ。長さは、なんと二十四メートル。内部からも、この太い柱を見ることができる。

昭和の大修理では、西大柱の中心部が腐っていたため、取り換えた。説明板によると、関係者が日本中の山林を一年間探しまわって、ようやく見つけたのだとか。下部は木曽の国有林から伐り出した樹齢七百八十年の檜《ひのき》。上部は神崎郡・笠形神社の御神木の檜（樹齢六百七十年）。これらを、以前と同じようにつなぎ合わせているそうだ。これほど樹齢を重ねた檜は、日本にはもうほとんどないらしい。次に大柱を取り替える時期が、何百年後にやってくるのかわからないが、大木を育てることもまた、城を守ることとつながっているようだ。

それまで三百五十年もの間、天守を支え続けた西大柱は、「天守の庭」の南、三の丸広場の北西隅の小屋に展示されている。

また、東大柱は根元が腐っていたので、下から五・四メートルだけを台湾檜で根継ぎして再利用した。切断された古い根元部分は、兵庫県立歴史博物館で見ることができる。

播州皿屋敷

菱の門を入ってまっすぐ、「いの門」「ろの門」「はの門」……といろは順に進む行き方が、現在の順路となっている。だが当初の本道は、「いの門」を入ると右に曲がるのだ。今では帰りの順路となっているが、天守への近道でもある。そして、見どころも多い。

まず、「ぬの門」。黒鉄《くろがね》張りで鋲《びょう》を打ったいかにも厳重な門だ。上部に二重の櫓をのせ、隠石落も備えている。「ぬの門」の手前で道を右にそれると、「るの門」がある。石垣の間に開けられた穴門だ。一種の抜け道で、三国堀の横を通って、菱の門に出られるようになっている。

ちなみに三国堀は、播磨、備前、淡路の領主であった池田輝政が、この三国から人夫を集めて築いたので、この名がついたそうだ。雨水がたまって池のようになっているが、当初は空堀だったという。

「ぬの門」の向こうにひろがるのが、上山里郭《かみやまさとくるわ》。ここには立派な井戸だけが残っている。『播州皿屋敷』で有名なお菊井戸だ。十枚揃いの皿を一枚なくした罪をきせられて、お菊がこの井戸に投げ込まれたという。各地によく似た話が伝わっていて真偽のほどはわからないが、お菊は、JR姫路駅近くの十二所神社《じゅうにしょじんじゃ》境内に「於菊大明神《おきくだいみょうじん》」として祀られている。面白いことに、陶器と水商売と女性の神様だとか。陶器はお皿からだろうが、水商売は、井戸にちなむのだろうか。

姫路城にはもう一か所、穴門がある。上山里郭を出て、石垣と白壁にはさまれた細い道の先だ。小さな階段をおり、その穴門をくぐると、そこに腹切丸《はらきりまる》がある。いつごろから、こう呼ばれるようになったのかわからないらしい。実際に誰かが切腹したという記録もないそうだ。だが、穴門以外は出口のない閉ざされた空間。首を洗ったように見える井戸。周囲の石垣や土塀や樹木までが覆いかぶさってきそうで、たしかに、不気味な雰囲気がしないでもない。

さっきの穴門を抜け出すと、備前門の上から、大天守がのぞいている。ここをくぐると、本丸だ。だが、姫路では備前丸と呼ぶ。秀吉の時代は太閤丸と呼ばれていた。備前丸というのは、ここに御殿があり、備前国を与えられた輝政の二男・忠継が住んでいたからだ。その御殿は、明治十五年（一八八二）の失火で失われてしまった。

池田輝政は、五十歳であっけなくこの世を去ってしまう。中風だったということだ。跡を継いだ利隆も三十三歳で病死。その子・光正が八歳で姫路藩主となった。だが、重要な姫路藩を幼い藩主に任せておくわけにはいかない。ということで、池田氏は鳥取へ領地替えとなった。

姫の道

姫路という地名は、『播磨国風土記《はりまのくにふどき》』の「日女道《ひめじ》の丘」に由来する。難破した船から、積み荷の「ひめこ（蚕《かいこ》のこと）」が流れ着いた地だとか。「姫」は当て字だが、「姫路」という言葉の印象、そこへあわせて優美な白亜の城とくれば、どうしても美しい姫君を登場させたくなるのかもしれない。姫路城には女性の逸話が多いようだ。その代表が、千姫だろう。

徳川家康の孫娘であり、二代将軍・徳川秀忠とお江との間に生まれた千姫は、七歳で大坂城の豊臣秀頼に嫁いだ。だが元和元年（一六一五）、十九歳のとき、徳川軍に攻め落とされて大坂は落城。秀頼は自害したが、彼女は助け出された。

このとき家康が、千姫を助け出した者に千姫を嫁がせる約束をしたとかしないとか。とかく彼女には、さまざまな噂がつきまとう。

大坂落城の翌年、本多忠政の嫡男で、一歳上の忠刻《ただとき》と再婚。これも、評判の美男子であった忠刻に、千姫が一目ぼれしたことになっている。

さらに、千姫を助け出した坂崎出羽守直盛《さかざきでわのかみなおもり》が、約束を破られたことに腹を立て、力ずくで千姫を奪おうとしたが失敗。自刃したとも、家臣に殺害されたともいわれる。

池田氏のあとには、本多忠政が桑名から十五万石で入封することになった。元和三年（一六一七）のことだ。父に伴って、忠刻と千姫も姫路城に入った。

西の丸の建物は、本多忠政の時代に造られたものだ。忠刻と千姫が暮らした御殿は残っていないが、西の丸を取り囲むようにして建つ櫓群が現存する。ワの櫓から入って、かつては大勢の奥女中たちが行き来していたであろう百間廊下《ひやつけんろうか》を進んでいくと、突き当たりが化粧櫓《けしようやぐら》だ。これは、十万石という莫大な千姫の化粧料（嫁入りの際の持参金）で建てられた。中の部屋には、畳が敷かれ、障子がはられて、当時の様子を再現している。

秀頼との間には子どもができなかった千姫だが、忠刻との間には一男一女を授かった。ところが、元和七年（一六二一）、まだ三歳で男の子が亡くなってしまう。

千姫は、城の西にある男山に小さな天満宮を建立した。これが千姫天満宮だ。男山は古くから八幡宮が祀られ、姫路城主の信仰を集めたところでもある。毎日、ここに向かって手を合わせることが彼女の日課になった。だが、その祈りもむなしく、五年後には夫・忠刻が三十一歳で急死してしまう。結局、千姫の姫路での生活は十年で終わった。

彼女は江戸に戻って髪をおろしたのだが、吉田屋敷の二階に美男を呼び込んでは、ふしだらな行いに及んだという話まで伝わっている。

これらのエピソードが、どこまで真実でどこまで作り話なのかはわからない。だが彼女の生涯が、時代を超えて、さまざまな人々の関心の的となった証拠といえるだろう。

中濠と船場川の間の細い道は、「千姫の小径《こみち》」と名づけられている。見上げれば西の丸。せせらぎの聞こえる心地よい散策路だ。突き当たりの清水門跡近くに歌碑があった。

～初秋の 風を簾《すだれ》に まきとりて（忠刻） 軒ばにおほふ 竹の葉の露（千姫）～

元和五年（一六一九）に連歌の会が催された際の、ふたりの句を抜き出したものだ。このときは、家族全員がそろっていた。幸せな千姫の姿がここにある。

波乱の城

池田家の紋は揚羽蝶《あげはちょう》。本多家の紋は立葵《たちあおい》。城内を歩いていると、ほかにもさまざまな紋の入った瓦があることに気づく。それらを見て歩くのも楽しみ方のひとつだ。その建造物が、誰の時代に修築されたものかがわかるからである。つまり、江戸時代に入っても、城主はめまぐるしく変わっていったのだ。

幕府は、姫路に幼少の藩主が誕生した場合は、ただちにほかの藩へ転封させることを繰り返した。本多家のあと、松平（奥平）家、松平（結城）家、榊原家、再び松平（結城）家、本多家、酒井家、榊原家、松平（結城）家、酒井家。池田氏は外様大名だったが、あとはすべて譜代大名。しかも、同じような家から選んでいる。徳川四天王家（井伊、酒井、本多、榊原）と呼ばれた重臣の家筋から三家。あとの松平（奥平）家は家康の娘婿の家系であり、松平（結城）家は秀吉の養子になった家康の子に始まる家筋だ。このことからも、いかに姫路が西国の要であったかがうかがえる。

ところで、歴代の藩主の中で異彩を放っているのが、榊原政岑《まさみね》だ。多芸多才で、風流大名と呼ばれた。それだけならいいのだが、世は八代将軍・吉宗の時代。尾張の徳川宗春と同様、倹約令に反発して派手に振る舞ったらしい。極めつけが、新吉原の遊女・高尾大夫の身請《みう》けだ。身代金二千五百両。そのお披露目に三千両。そのまま姫路に連れて帰り、西屋敷に住まわせたという。その数か月後、幕府から蟄居謹慎処分を受け、越後・高田へ所替えとなった。

現在、城の西側は好古園《こうこえん》という日本庭園になっている。高尾太夫のいた西屋敷は、好古園の「お屋敷の庭」あたりだそうだ。幕末には、ここの玄関付近に好古堂という藩校が移築された。好古園という名は、この藩校にちなんでつけられたものだ。

それにしても、姫路城の現存する建築物の多いこと。よくこれだけ残ったものである。国宝八棟、重要文化財七十四棟という数は、二位の二条城（国宝六、重要文化財二十二）や三位の松山城（重要文化財二十一）に比べても、群を抜いている。

ただ、現在「大手門」と呼ばれている門は、昭和十三年（一九三八）、資料に基づかずに建てられた門だ。本来の大手門は三重の荘厳な櫓門だったという。

そういえば、あまりに広く、見どころが多すぎて、いつだったか思わぬ兵糧攻め《ひょうろうぜ》にあった。姫路城は、券売所を入るとそれ以降は、売店も自動販売機もない。じっくり見ているうちに、のどはかわくわ、お腹はすくわで、途中で退散したのだった。

街の中にも遺構が多い。中濠は埋められているが、そのまま国道になっているので、道路沿いには土塁や門跡が残っている。それをたどりながら歩いたこともあった。

また、内濠の周囲をめぐるのも気持ちがいい。かつての屋敷跡などが、ゆったりとしたスペースの公園になっている。どこからでも見える天守は、角度が変わる度に、大天守と小天守とが複雑に絡み合い、優雅に舞っているようにさえ見える。

奇跡を重ねて

幕末、藩主の酒井忠惇《ただとう》は老中首座という地位にあった。そのため、姫路藩は朝敵とされ、追討命令が発せられた。

皮肉なことに、新政府軍として攻めてきたのは、池田輝政の子孫が代々藩主を務める備前・岡山藩だ。

このころ、酒井忠惇は、常に将軍・徳川慶喜《よしのぶ》と行動をともにしていた。城は、藩主不在ということで降伏することに決まり、ひたすら恭順の意を表して開城した。それでも一度は砲撃され、城門の一部が破壊されたという。

なんとか戦火を免れたものの、結局、姫路城は民間に売却された。その金額がなんと二十三円五十銭だったという。明治五年（一八七二）当時、東京の米十キロ当たりの標準小売価格が三十六銭だったというから、驚くほどの安さだ。

落札者は、解体して瓦を売るつもりだったらしい。ところが城の瓦は、民家に使用するには大きすぎた。その上、城を取り壊すために莫大な費用がかかるため、結局は権利を放棄したという。再び危機を乗り越えたわけだ。

とはいえ、城は修理されるわけでもなく、無用の長物としてそのまま荒れるにまかされた。そして、このままいけばやはり解体は免れないだろうというとき、救世主があらわれたのだった。中村重遠《なかむらしげとお》大佐だ。ちょうど大隈重信の奏上によって、彦根城の保存が決定したころだ。それを受けて彼は、姫路城と名古屋城は、彦根に勝るとも劣らない名城であるから保存すべきだと訴えた。

彼の意見書が通り、姫路城はまたもや助かったのだ。中村大佐の顕彰碑が、菱の門を入ってすぐ西側に建っている。

こうして何度も命拾いしてきた姫路城だが、最大の危機が、昭和二十年（一九四五）の大空襲だろう。

一晩のうちに、焼け野原と化してしまった姫路の街。だが、天守は残っていた。

のちに、不発弾処理にあたった元士官の証言が、神戸新聞の記事に載っている。なんと大天守の中に、不発の焼夷弾《しょういだん》が落ちていたというのだ。命中しながら、爆発しなかった……。これは奇跡としかいいようがない。いや、奇跡という言葉でも形容しきれない。

不死鳥のごとく

「そんなん嘘や。天守閣はこうなっとったんですよ」

城内で知り合った七十八歳になるという男性が、胸ポケットから一枚の白黒写真を見せてくれた。

見慣れた白壁の天守ではなく、全体が黒っぽい。白亜の天守は夜でも目立ち、攻撃目標になりやすいだろうということで、空襲当時は大きな黒い網ですっぽりと覆われていたのだ。西の丸の「レの渡櫓」に残るフックは、そのときの名残だという。

不発弾の話は、彼には信じられないようだったが、こう付け加えた。

「天守閣が残ったことが、姫路の復興を早めたということは、間違いありません」

どの城でもそうだろうが、城下の人々にとって、いつしか天守は希望の象徴となっているのだ。

初日の出を見た帰り道、そんなことに思いをはせながら初空を仰いでいると、おあつらえ向きに、真っ白な鷺《さぎ》が横切った。小鷺だ。

別名・白鷺城……。一目見れば、説明の必要もないだろう。白い翼で今にも大空に羽ばたきそうな天守。今では世界遺産となっている。姫路の人々だけでなく、日本の、いや世界の宝だ。

ほかの城にもいえることだが、残された宝を守るため、これからは維持、管理、修理といったことが、大切な務めとなるだろう。昔ながらの建築材料の調達は困難になっていく。伝統技術の継承者も減少していく。容易なことではない。だが、城を伝えていくということは、同時に、日本の自然や文化を次の世代へつないでいくことともいえるのだ。

姫路城の天守は、保存修理期間に入った。平成二十二年（二〇一〇）四月からは大天守内部の見学はできない。外側も、素屋根《すやね》で覆われていくので、美しい天守の姿も当分お預けだ。

今回の修理は、白漆喰壁の補修と屋根瓦の葺《ふ》き直しが中心だという。五年後には、さらに磨きをかけた白鷺が、不死鳥のような姿を見せてくれることだろう。

とはいえ、素屋根ができる平成二十三年（二〇一一）春以降は、エレベーターで工事の様子を見学できるそうだ。外側の壁には、実物大の天守の絵を描き、非公開の場所を公開するなど、さまざまな趣向を凝らして迎えてくれるらしい。この期間にしか会えない城との出会いが楽しみだ。

訪れる度に、違う表情を見せてくれる姫路城。今度は、どんな一面をのぞかせてくれるのだろうか。

11——松本城

長野県松本市

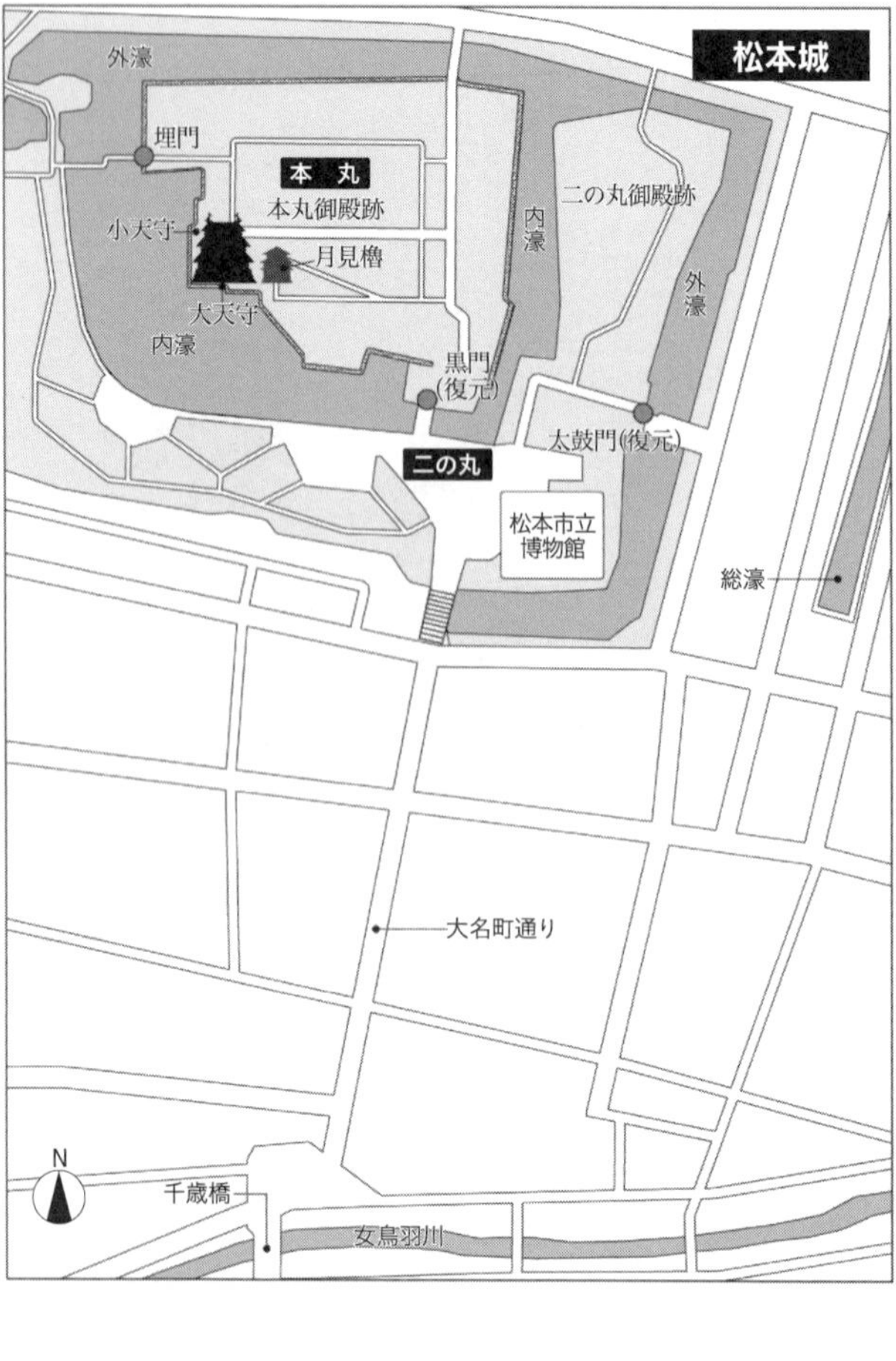
松本城
外濠
埋門
本 丸
本丸御殿跡
小天守
月見櫓
大天守
内濠
内濠
二の丸御殿跡
外濠
黒門
(復元)
太鼓門(復元)
二の丸
松本市立
博物館
総濠
大名町通り
N
千歳橋
女鳥羽川

雪と城

雪化粧した城の美しさは、また格別だ。とはいえ温暖な地では、よほど運がよくなければ見ることができない。雪が降ったとしても、なかなか天守をひき立てるほどには積もってくれないのだ。やはり、冬こそ寒い地方へ行くべきだろう。ということで、二月は松本へ行くことにした。

駅を降りると、さすがに、冷たい空気がぴんと張り詰めている。期待どおり、昨日の雪が降り積もっていた。

さっそく城に向かって、駅前大通りと交差している本町通りを北に歩いていく。すると道路の脇に、注連縄《しめなわ》をめぐらした石を見つけた。牛つなぎ石というらしい。由来を書いた説明板が立っている。

ここはかつて、武田信玄の領地だった。信玄は、それまでの三国同盟を破って、東海地方への進出を企てる。それに対し、今川・北条の連合軍は、塩の供給路を断つという手段で対抗した。苦しむ甲斐《かい》・信濃《しなの》の領民たち……。それを放っておけなかったのが、越後《えちご》の上杉謙信だ。彼は信玄の宿敵でありながら、「戦は弓矢でするものだ」として、塩を送ってきたのだった。「敵に塩を送る」という故事である。

永禄十一年（一五六八）一月十二日。塩を積んだ牛車が到着し、この石につながれたという。そして、毎年この時期に塩市を開くようになった。塩が専売になると、塩俵《しおだわら》の形をした飴《あめ》を作り、以来、飴市になったとのこと。感謝の気持ちが今でも受け継がれている街だ。

当時は、「松本」ではなく、「深志《ふかし》」と呼ばれていた。「深瀬」という記述もあったことを思うと、これが変化したのかもしれない。このあたりは、湿地帯だったという。

もともと小笠原氏の支城でしかなかった深志城を、大幅に改修したのも武田信玄だ。

すぐ先を女鳥羽《めとば》川が流れている。川沿いの「なわて通り」は、土産物屋《みやげものや》や古めかしい店が軒を連ねる細い道だ。店の屋根屋根に積もった雪が、一枚の布団のように、どさっと川に落ちていく。急がないと、天守に積もった雪も落ちてしまう……。そう思いながらも、千歳《せんさい》橋のたもとで、また立ち止まってしまった。

馬出

橋を渡ったところで、道は少し右にずれ、大名町通りと名称も変わる。ここがかつての大手道。周囲には、有力家臣のお屋敷がずらりと並んでいたことだろう。先ほどの道のずれは、桝形の名残だ。

とはいえ、ここに高麗門と櫓門を組み合わせた桝形虎口ができたのは、江戸時代になってからのこと。それまでは、馬出《うまだし》だった。

馬出は、城門の前に設けられた、土塁などで囲まれた曲輪《くるわ》のことだ。濠に張り出しているので、小さな島のようにも見える。形によって丸馬出、角《かく》馬出などがあるが、武田氏は丸馬出を多用した。

濠を三重に広げたのも信玄の時代だ。三重にめぐらされた濠の場合、内濠、中濠、外濠と呼ぶところが多いが、ここでは、内濠、外濠、総濠《そうぼり》と呼ぶ。その総濠に面して五か所の門があったが、すべて丸馬出を備えていたという。残念ながら、総濠は東側の一部を残すのみで、馬出の名残もとどめてはいない。だが、それぞれの跡地には親切な説明板が立てられている。

やがて、この城は「松本城」と呼ばれるようになった。武田氏滅亡後、再び小笠原氏が城主となってからのことだ。旧領を取り戻すという本懐を、三十三年待った末に遂げた……。そこで、「待つ」に「松」をかけ、「本懐」の「本」をとって「松本」としたともいわれるが、確証はない。

大名町通りをまっすぐ行くと、そのまま外濠を渡って二の丸内に入ることができる。もちろん昔は、こうではなかった。ここに橋はなく、外濠に沿って東の角を曲がったところにあるのが、正式な入り口だ。北側に太鼓楼が建ち、そこで太鼓や鐘を鳴らして合図をしたことから、太鼓門桝形と呼ばれている。櫓門と高麗門は、平成十一年（一九九九）に復元された。

それまでは、明治四年（一八七一）に取り壊されたまま、長い間石垣だけになっていたようだ。その石垣の中に、ひときわ大きな石が組み込まれている。石というより、岩といったほうがふさわしいかもしれない。重量二十二・五トンだとか。玄蕃石《げんばいし》という名前までついていた。

玄蕃というのは、石川康長《やすなが》の官名・玄蕃頭《げんばのかみ》からきている。この太鼓門桝形、そして現存する天守も、彼の時代にできたものだ。

汚名

秀吉の小田原征伐のあと、小笠原氏は所替えとなり、松本城には康長の父・石川数正が入った。

石川数正といえば、家康が今川方に人質として送られたときにも同行し、常に家康のそばで苦楽をともにした生粋《きっすい》の三河武士だ。三河武士というと、武骨一辺倒というイメージだが、彼はそうではなかった。交渉ごとにも手腕を発揮し、外交の面でも家康を支えていた。

そんな彼が、天正十三年（一五八五）、突然妻子をひき連れて、秀吉のもとへ走ったのだ。

資料が残っていないので、真相はよくわからない。秀吉に通じているとの噂がひろまり、耐えられなくなったからだとか、その噂を流した張本人が秀吉だったとか、家康の密命で、秀吉を欺《あざむ》きながら徳川の安泰を図るため懐《ふところ》に飛び込んだのだとか、さまざまな憶測がささやかれた。

城代を務めていた岡崎城を、夜逃げ同然に出奔するということは、よほどの決心だろう。とにかく秀吉が、数正のような有能な家臣を求めていたことは間違いない。彼がさまざまな武将の懐刀《ふところがたな》を引き抜こうとした話は、数多く伝わっている。

〜徳川の　家につたはる　古箒《ふるほうき》　今は都の　木の下をはく〜（数正は元、伯耆守《ほうきのかみ》。「木の下」と秀吉の前名・木下藤吉郎をかけている）

似たような狂歌が何首も残っていることを思うと、やはり風当たりはきつかったのだろう。裏切り者の汚名を負った数正の心中はどんなものだったのか。

そんな中で、彼は、新たな城の建設と城下町の整備にとりかかったのだった。ところが、文禄元年（一五九二）、朝鮮出兵のため肥前国・名護屋城に出陣したまま、病没してしまう。彼が構想した天守はまだ完成していない。

そんな父の遺志をひきついで城を完成させたのが、康長だった。

関ヶ原で、康長は東軍につく。だが、慶長十八年（一六一三）、大久保長安の不正が発覚すると、康長も連帯責任を問われ、石川家はとり潰しの憂き目にあってしまった。徳川家は、数正の裏切りを許さなかったのかもしれない。

そのあとに、またもや小笠原氏である秀政が入封する。総濠に面する大手門を桝形虎口に修築したのは、彼の時代のことだ。

さて、太鼓門桝形から入っても、現在の入り口から入っても、そこは二の丸。本丸をコの字形に取り囲むように、ひろがっている。

その二の丸と本丸を結ぶ門はふたつある。南に開かれた黒門と西に造られた埋門《うずみもん》だ。黒門のほうが、本丸の正門になる。私も、まずは黒門から入ることにした。

こちらは、昭和三十五年（一九六〇）に復元された門だ。黒門に続く土橋は、もともと二十五メートルあったという。現在の橋の長さは十四メートルというから、昔は濠がもっとひろかったのだ。濠に張り出した「外桝形」という形をとっているところが珍しい。また奥の櫓門も、東側が垂直に折れ曲がった変則的な形をしている。

漆黒の城

天守の全貌が最もよくわかるのが、本丸に入って、東側から見たときだ。

まず、五重の大天守と、三重の乾小天守が渡櫓《わたりやぐら》で連結されている。

その渡櫓の下が入り口だ。

さらに南側には、赤い高欄を持った寄棟《よせむね》屋根の月見櫓と、その向こうにのぞく辰巳附櫓《たつみつけやぐら》がつながっている。

じつは、石川康長が完成させた天守は、大天守と乾小天守までだった。ほかに、石川康長の天守は乾小天守のほうで、小笠原秀政が五重の天守を建て、乾小天守に改造を加えて連結したという説も有力だ。たしかに、大天守も乾小天守も、新式の層塔型だ。数正、康長親子が建てたのは、望楼型の乾小天守で、それを修築して、現在の形になったのかもしれない。

また、昭和の大修理の際に、当初の築城計画を、途中で変更していることがわかった。現在見る天守は、破風《はふ》も少なく、シンプルな印象だ。予定では破風も多くつけ、最上階の外側に廻《まわ》縁《えん》をめぐらすような構造だったらしい。秀吉の許可をもらったものの、徳川の世に移り、幕府をはばかったためだともいわれる。

屋根の雪はほとんどなくなっていたが、白い花が咲いたような樹木に、黒い壁が映えて美しい。

それにしても、雪国では、屋根に雪対策をほどこしている場合が多い。弘前城は板葺きの上に銅板をかぶせている。松本城の天守は、見たところ普通の瓦だ。屋根の傾斜もそれほど急ではない。確認してみると、

「松本は、積雪は少ないですよ。冷えますけどね」

とのことだった。

昭和の大修理の際、氷柱《つらら》で屋根が傷むのを防ぐために、捨て瓦を取りつけたそうだ。よく見ると、各屋根に、瓦が二重に乗っている箇所がある。雪より、氷が問題なのだ。なんでも、昔

は内濠の水が凍って、スケートができるほどだったとか。温暖化の影響か、現在では全面に氷が張ることは、ほとんどないという。

天守に近づいてみると、黒い板壁が底光りをしていた。見とれていると、

「すべて漆塗りですよ」

入り口に立っている係員の方が、胸を張って話しかけてきた。

「毎年、九月から二か月かけて、木曾の職人が塗り替えてます」

城は、板張りにする場合、板を横長にして、上の板を下の板の上端に少し重ねながら張っていく方式が主流となる。これを下見《したみ》板張《いたば》りという。雨が中に入らないようにする工夫だ。さらに、防水、防腐のため、黒く塗って仕上げる。それにしても、松江城などは、柿渋《かきしぶ》に墨を混ぜたものを塗っていた。財力の違いということだろうか。ここは文字どおり、漆黒の城だ。雨のあたらない壁の上部は、白い漆喰で塗っているのだが、やはり全体に黒が目立つ。

手斧と鉋

入り口で靴を脱いで、階段を右へ。まずは、乾小天守の一階に入った。

よく見ると、挟間《さま》や武者窓の側面まで漆が丁寧に塗ってある。窓から中に入った水を外へ流せるように造った水きり穴まで、漆塗りだ。

乾小天守は三重四階なのだが、見学は二階まで。

そこから渡櫓を通って、大天守に移る。大天守と渡櫓は接続がずれていて、狭い階段を三段おりたところが、大天守一階の武者走りだ。一階だけは、この武者走りが中央の床より五十センチほど低くなっている。これは大変珍しく、松本城でしか見られない。

段差は、身分の差をあらわしているのかと思ったが、中央部は四部屋に仕切られ、食料や弾薬の倉庫として使われていたそうだ。

武者走りにしゃがみこむと、床下がのぞける。礎石や、根太《ねだ》（床下に渡した横木）の上に柱が立っている様子がうかがえて興味深い。

また周囲を取り囲むように立っている柱には小穴がたくさん開いている。これは、壁で仕切られていたことをあらわしているとか。

鉄砲のコレクションなどを展示している二階、薄暗く「暗闇重《くらやみじゆう》」と呼ばれた三階……。手斧《ちような》仕上げの柱や梁が目をひく。ほかの城でも目立つのだが、ここはとくに磨かれたような艶がある。それが美しい模様となって、ひとつひとつの木が存在を主張しているかのようだ。

四階は雰囲気が一転して、御簾《みす》がつられ、御座所《ござしよ》と表示してある。いざというときには、城主の居室となることを想定しているようだ。

これより上の階は、天井が高く、柱などはすべて鉋《かんな》仕上げだ。階段にも、踊り場が設けられるなど、のぼりやすくする工夫がほどこしてある。だが戦闘のための城という考え方からは矛盾するようだ。それとも、悠然と最期を迎えるためのはからいなのだろうか。

最上階にあがると、廻縁を内部に取り込んだことがよくわかる。敷居があるので、畳を敷くことも可能な造りだ。

眼下には、残雪の街。天気のいい日には、北アルプスまで望めるというが、この日は白くけむっていた。おそらく、吹雪いているのだろう。

天守の神様

上を見ると、井桁《いげた》に（井という漢字のように）梁が組まれ、木が放射状に渡してある。その中央に、何やら藁《わら》を束ねたようなものがつり下げられていた。

元和四年（一六一八）というから、小笠原氏が二代で播磨国・明石《あかし》へ転封したあとのことだ。藩主は戸田康長になっていた。彼は家康の生母・伝通院（於大の方）の産んだ松姫を正室として迎え、家康から松平姓を賜ったので、松平康長ともいう。徳川将軍から松平姓を与えられた第一号で、三代将軍・家光の守《も》り役も務めている。

その年の一月二十六日、月が東の空にのぼるころ……。

もちろん旧暦なので、月の形と日にちは連動している。二十六夜月は、細い逆向きの三日月だ。しかも、深夜にのぼってくる。江戸時代、二十六夜の月の出の際に、三尊仏の姿が拝めるといわれ、二十六夜待ちが盛んになった。そして、この夜の月を「二十六夜様」と呼んだ。

さて、この日、川井八郎三郎という家臣が天守番をしていると、目の前に、二十六夜様が美しい女性の姿であらわれた。説明板の言葉をそのまま引用すると、

「天守の梁の上に吾を奉祀《ほうし》して毎月二十六日には三石三斗三升三合三勺の餅を搗《つ》いて斎《いっ》き、藩士全部にそれを分ち与えよ、さすれば御城は安泰に御勝手向きは豊なるぞ」

と告げたそうだ。松本藩ではこのお告げを守り、翌月の二十六日から、明治維新まで実行し続けたという。

それにしても、日本では古来、月の神は、月読尊《つきよみのみこと》。天照大神《あまてらすおおみかみ》の弟で、男神となっていた。それが、女性の姿で登場するところが面白い。

姫路城の天守にも守護神が祀られているが、逸話にはいつも姫君があらわれる。男たちが憧れを持って仰ぎ見てきた天守……。その守護神は、やはり女神でなければならないのかもしれない。天守には、機能性だけでなく、美が求められたこととも通じるような気がする。

それぞれの天守に、裾をひき、妍《けん》を競う女神たちの姿を重ねてみた。松本城は、妖艶さと、毅然さをあわせ持つ美女だろうか。その美女に、いっそうの華やかさを添えているのが、月見

櫓だ。

月見櫓

大天守の二階から辰巳附櫓へ移り、一階におりると、突き当たりがぱっと開ける。三方はすべて、舞良戸《まいらど》と呼ばれる桟《さん》を横に細かく入れた引き戸がはめられ、これを取り外すと吹き抜けになるという仕組みだ。周囲にめぐらした廻縁も高欄も、ひときわ艶《あで》やかな朱塗り。開放的な一角は、まるで防御も攻撃も考えていない。一瞬、城を訪ねていることを忘れてしまいそうだ。

ここが月見櫓。辰巳附櫓とともに、松平直政が築いた。戸田氏も二代で明石に転封になったあとの松本藩主だ。

なんでも、将軍・家光が、上洛の帰りに善光寺参詣のため、松本城に泊まるといってきた。家光も直政も、家康の孫だ。つまり、ふたりは従兄弟《いとこ》同士。しかも、江戸では親しくしていたらしい。直政は家光をもてなすため、この月見櫓を造ったという。月を眺めながら、ゆっくり語り合おうと思っていたのだろう。

ところが、木曾路で山崩れがあったため、結局、家光の予定は変更となった。急普請で造ったというから、とんだお騒がせだったわけだが、そのおかげで複合連結式という、複雑で、不思議と調和のとれた天守が残されることになったのだ。

直政が松本藩主を務めたのは六年間。月見櫓と辰巳附櫓を残して、松江に所替えとなった。

もうひとつ、直政の時代にできた可能性があるといわれるのが、二の丸御殿だ。

外濠の内側には、三つの御殿があった。天守の東に本丸御殿。現在、松本市立博物館が建っている場所には古山地《こさんじ》御殿。そして、太鼓門枡形の北側に広がる二の丸御殿。どれも、石川氏の時代のものと伝えられてはいるが、確定する資料はなく、三御殿とも残っていない。本丸御殿は、享保十二年（一七二七）に焼失したまま。古山地御殿は廃藩置県後、取り壊され、二の丸御殿は県庁舎としてしばらく使われていたのだが、明治九年（一八七六）焼失。この二の丸御殿は、発掘調査ののち、江戸時代の部屋割が平面復元されている。見るからに、一歩踏み入ると迷ってしまいそうな御殿だ。

加助の祟り

本丸から二の丸へ出るもうひとつの門は、石垣の間に開かれているので、埋門と呼ばれる。ここには朱塗りの橋がかかっているが、これは昭和になってつけられたもの。もともとは土橋だった。構造がよくわからないので、このような橋にしたのだというが、少々やりすぎという感がしないでもない。

それにしても、東西南北で天守の見え方が全く違う。北から見ると、大天守と乾小天守が重なって、独立式天守のようだ。西から見ると、大天守と乾小天守だけが並んで見え、当初の連立式天守時代の雰囲気がよくわかる。

この角度から撮った古写真が残っていた。なんと大天守が南のほうに大きく傾いている。姫路城は四十四センチ傾いていたというが、こちらはそんな程度ではないだろう。研究者が写真から割り出した傾斜角度は八度だとか。よく倒壊せずに持ちこたえたものだ。

天守が傾いたのは、祟《たた》りによるものだという言い伝えがある。

藩主は、堀田正盛を経て、水野氏が代々引き継いでいた。水野家三代目の忠直のとき、大規模な百姓一揆が起こる。代表者の名をとって、加助（嘉助）騒動と呼ばれた。その加助は捕えられ、磔《はりつけ》の刑に処せられることになる。死に臨む瞬間、彼は恨みをこめて天守をにらみつけた。すると、天守は大音響とともに傾いたという。

昭和の修理の際に、傾いた理由が判明した。地盤の弱さを補うため、木材を筏に組んで土台としていたのだが、その一部が腐っていたのだ。

湿地帯だということと、湧き水が豊かだということは関連しているのだろう。

松本城の濠の水は、すべて湧き水だ。黒門の土橋のたもとなど、水が湧いているところが見える場所が数か所ある。

街中でも、いたるところで井戸や水汲み場が目についた。誰でも自由に利用できるようになっている。

外濠に沿って歩いているときだった。濠の向こうの石垣から、真っ青な筋をひいて、何かが水面に落ちた……かと思うと、再び舞いあがって、すぐそばの木の枝にとまった。翡翠《かわせみ》がいるのだ。感激して見とれていると、またすぐに飛び立って、水面にタッチし、向こう岸の石垣に移った。なかなか獲物は仕留められないらしい。それにしても、渓流の宝石と呼ばれる鳥に、ここで出会えるとは……。とにかく、十二城中、最も濠の水がきれいな城といえるだろう。

そうそう、もうひとつ、加助の祟りとささやかれる事件があった。享保十年（一七二五）のこと。水野氏六代目の忠恒《ただつね》が、江戸城・松の廊下で、毛利家の世子・師成《もろなり》にいきなり切りつけたのだ。浅野内匠頭《たくみのかみ》から二十四年後にも、こんなことがあったわけだ。水野家は領地没収。これは、水野忠恒が、加助の亡霊を見て狂乱したからだということになっている。

人は堀

松本へは再び戸田氏が入り、幕末まで続いた。当初は譜代の家柄だということで幕府寄りだったが、大政奉還のあと、全藩士を集めて会議を開いたという。意見はまっぷたつに分かれ、大激論になったそうだ。その末に、朝廷に恭順することに決定した。

その後、ほかの多くの城と同じように、松本城も無用の長物とされ、競売にかけられた。天守は二百三十五両一分と永楽銭百五十文で売却されたという。明治初期は、円と両、両方の単位が併用され、一両を一円に換算している。明治五年の東京における十キログラム当たりの小売米価を単純に当てはめるのは無理があるかもしれないが、これで換算すると、九百万円ぐらいになる計算だ。

門や櫓の解体が始まった。そのとき、待ったをかけたのが、市川量造だ。彼は破却の十年延期と、本丸での博覧会開催の許可を得て、実行した。博覧会は大盛況で、その利益で城を買い戻すことができたという。なんとスケールの大きな、夢のある話だろう。

だがその後、本丸は果樹園となり、天守は荒廃しきっていた。それを、修理、保存へと導いたのが、小林有也《うなり》だ。

このふたりのレリーフが、黒門を入ったところに建てられている。

改めて、二の丸の西側から、内濠を隔てて大天守を見直した。もちろん傾いてはいない。内濠に沿って南へ歩いていくと、城が拡張していった歴史さながら、視界に辰巳附櫓、月見櫓が加わってくる。中央に身を乗り出すようにして、濠に影を映す大天守。両脇に乾小天守と辰巳附櫓、月見櫓を従えた安定した姿だ。これらがすべて国宝に指定されている。

こんこんとあふれ出る清らかな濠の水。それは、城に寄せる人々の愛情の象徴なのかもしれない。濠には、軽鴨《かるがも》や真鴨《まがも》がたくさん泳いでいた。小さな鸊鷉《かいつぶり》の姿も見える。語源に「掻《か》きつ潜《むぐ》りつ」、あるいは「掻い水潜《みずむぐ》り」が変化したという説があるように、水に潜って見えなくなったかと思うと、思いがけないところから頭を出すので驚かされる鳥だ。ところが濠の水が透きとおっているので、潜ったあともその姿がよく見える。かなりのスピードで移動していた。鸊鷉の泳ぐ姿が見られる場所は、そう多くはないだろう。

現存天守の中では唯一の平城で、石垣は野面積み。湿地ということもあって、石を高く積み上げられなかった分、濠に向けてずらりと石落《いしおとし》が並んでいる。

だが、どんなに堅固な城を建てても、内通者がひとりでもいれば、簡単に攻め込まれてしまうことだろう。

「人は城、人は石垣、人は堀」……。武田信玄が言ったという有名な言葉だ。

そして、城そのものを守るのも、また人なのだ。

12——高知城

高知県高知市

高知城
梅の段
（獅子の段）
西の丸
二の丸
三の丸
搦手門跡
廊下門
東多聞櫓
西多聞櫓
本　丸
黒鉄門
天守
杉の段
山内一豊の
妻の銅像
板垣退助像
県立
文学館
県立
図書館
追手門
山内一豊像
兼山濠
高知県庁
N

一豊

中央分離帯に、力強い楠《くすのき》の並木が続いている。歩道には、繊細な島梣《しまとねりこ》。どちらも枝いっぱいにまぶしい光を受けて輝いている。そして正面には、天守。これが高知城の大手筋だ。元禄時代から続く街路市（日曜市）が開かれる通りでもある。

道の北側を通れば、「北会所《きたかいしょ》（藩の役所）並びに教授館《こうじゅかん》（江戸中期に創設された藩校）跡」、「山内容堂《やまうちようどう》公誕生の地」などの石碑が次々とあらわれる。その先が追手門だ。

はやる気持ちを抑えて、濠の手前を右に曲がり木橋を渡る。

と、さっそく山内一豊の銅像があらわれた。甲冑を身にまとい、長い槍をたずさえて、馬にまたがっている。この像は二代目。初代は大正二年（一九一三）に建設されたが、太平洋戦争で供出された。そのため、原型を元にして、平成八年（一九九六）に再建したものだ。

高知城は、この山内一豊の築城に始まる。ちなみに、「やまのうちかずとよ」でとおっているが、「やまうちかつとよ」が正しいらしい。

信長、秀吉、家康に仕え、戦国を駆け抜けた一豊だが、彼を一躍出世させたのが、関ヶ原の戦いだろう。

その時点で五万石の掛川城主だった彼は、家康に従って上杉討伐軍に参加していた。小山《おやま》

十二城の別名

	別　名	理　由
弘前城	鷹丘(高岡)城	元の地名から
松本城	深志城	元の地名から
丸岡城	霞ケ城	霞がかかって城を守ったという伝説から
犬山城	白帝城	中国の白帝城になぞらえた
彦根城	金亀城	築城前、山上にあった寺院に、金の亀にのった観音像が安置されていたから
姫路城	白鷺城	天を舞う白鷺に見立てた
松江城	千鳥城	破風が、千鳥が舞い飛ぶように見えるから
備中松山城	高梁城	地名から
丸亀城	蓬萊城	亀が蓬萊山を背負っているという伝説から
松山城	金亀城 勝山城	堀に金の亀がいたという言い伝えから 城山の名前から
宇和島城	鶴島城	白く美しい姿を鶴に見立てた
高知城	鷹　城	鷹が翼をひろげた姿に見立てた

(栃木県)まで来たとき、三成挙兵の知らせが入る。ただちに軍議が開かれた。その席上で彼は、家康に掛川城を明け渡すことと、人質を差し出すことを、まっさきに申し出たのだ。その一言で、去就を迷っていた武将たちも、こぞって家康に忠誠を誓ったという。合戦そのものではさしたる功はなかったが、家康は彼の小山での発言を高く評価し、土佐二十万石を与えたのだった。

土佐に入った一豊が目をつけたのは、大高坂《おおたかさか》山だ。

南北朝のころ、大高坂松王丸がこの山に城を築き、軍事拠点として戦いを繰り広げた記録が最も古い。戦国時代、四国の覇者《はしゃ》となった長宗我部元親《ちょうそかべもとちか》も、一時ここに城を築こうとした。ところが、度々の洪水に悩まされ、結局、完成を見ないまま、あきらめて居城を浦戸に移したという。

平成十二年（二〇〇〇）の三の丸発掘調査では、長宗我部時代の石垣が発見された。現在、一部を見ることができるようになっている。

土佐に入った山内一豊は、長宗我部元親の城を壊し、その上に盛り土をして、新しい城を築いたのだ。

北に江ノ口川、南に鏡川（昔は潮江《うしおえ》川とも）。ふたつの川にはさまれた地ということで、地名を「河中《こうち》山」と改めたのも、一豊だ。

栴檀と土佐水木

追手門は、どっしりとした櫓門。黒塗りの羽目板と白い軒とのコントラスト、棟の先が反《そ》り返っているところなど、いかにも力強い印象を与える。この反り返りは、高知独特の工法によるものらしい。

それを見おろすようにそびえる天守。天守と追手門（大手門とも）が両方残っている城は、弘前と丸亀と高知だけだが、ここは天守と門を重ねた構図がいかにも絵になる。普通は外側にも門を構えて二重にし、桝形虎口を形成するのだが、高知城の場合は、昔からこの櫓門だけだったようだ。

追手門を入って、まず目に飛び込んできたのが、淡い紫にけむる大木の木陰で、右手をあげて立つ銅像だ。梢の向こうに、天守が顔をのぞかせている。

吸い寄せられるように、広場を横切って近づいてみると、板垣退助の銅像だった。この像も、山内一豊像と同じく戦争で供出されたため、二代目になる。こちらは大正十二年（一九二三）の初代像を復元する形で、昭和三十一年（一九五六）に再建された。「板垣死すとも自由は死せず」……。彼が残した有名な言葉だ。高知出身の偉人は多いが、中でも、自由を愛するこの地の人々の象徴として、板垣退助が選ばれたのだろうか。

銅像の上に、しきりに薄紫の花吹雪を散らせているのは、梅檀《せんだん》だった。ここにある木は、樹齢二百五十年という。古名を楝《おうち》といい、初夏の代表的な花として親しまれてきた。別名、雲見草《くもみぐさ》。梢高く煙ったように咲く花が、紫の雲に見えることから、この名がついた。紫雲はめでたいことが起こる前触れとされる。その雲間隠れに天守を見ながら、横の階段をのぼっていった。

左手の石垣の上のほうに、大きな石の板が突き出して見える。雨の多い土佐地方ならではの設備で、石垣に排水が直接当たらないための工夫だ。石樋《いしどい》というが、樋というイメージとは程遠い。豪快そのものだ。城内の十六か所で見られるという。

階段沿いの植え込みは、土佐水木《とさみずき》だろう。葉っぱの陰に、青く丸い実ができている。梅檀が初夏を告げる花なら、土佐水木は春を告げる花だ。春先に、黄色い花を穂のように連《つら》ね、垂れさがらせる。高知県の特産種だということだが、好まれて各地で庭木として植えられるようになった。だが、やはり土佐の春にこそふさわしい花だろう。明るい色彩に満ちた城だという印象をますます強くした。

杉の段

階段をのぼったところは、杉の段だ。昔は杉の巨木が多かったからだというが、今は見当たらない。何やら、人だかりがしている。見ると、また銅像だ。

山内一豊とくれば、有名なのが彼の妻。例の十両の名馬といっしょに立っている。「ここぞというときに使うように」と彼女が嫁入りのときに持たされた十両のおかげで、一豊は名馬を買うことができた。その馬が織田信長の目にとまって、出世の糸口をつかむことができたという。

銅像は昭和四十年（一九六五）のものだが、一豊像がひっそりと建っているのに比べて、こちらは人気があるようだ。たくさんの人がこの前で記念写真を撮っていく。

ところで、一般に「千代」と呼ばれている彼女だが、「まつ」という記録もあり正確にはわからないらしい。ほかにも彼女の賢夫人ぶりを伝える逸話は多いが、真偽のほどは定かではない。だが彼女が、糟糠《そうこう》の妻として一豊を支え続けたことは事実だろう。一豊も側室を持たず、彼女を大切にしたということだ。そんな理想のカップルともいえるふたりだが、子どもには恵まれなかった。ひとりだけ授かった女の子も、近江・長浜城で大地震にあい、建物の下敷きになって亡くなってしまう。まだ六歳だった。

ふたりは甥の忠義を養子にして、跡を継がせている。

一豊が六十一歳で没したのは、慶長十年（一六〇五）。土佐に入って五年足らずだ。そのとき十四歳だった忠義は、以後、六十一歳で隠居するまでの長い間、土佐藩主を務めた。藩の基礎を固めたのは、彼だといえるかもしれない。

ふたつの川は、一豊が築城してから後も度々氾濫を繰り返した。忠義は「河中」という字を嫌い、「高智」、のちに、「高知」と表記を改めた。文殊菩薩の高い智慧（知恵）にあずかるという意味をかけている。

忠義はまた、大坂の陣などの出費で疲弊した財政を立て直そうと、藩政改革を実施した。その執政として抜擢したのが野中兼山《のなかけんざん》だ。

兼山は並はずれた実行力で、河川の土木工事を推進し、水田地帯を大きく拡大し、産業を興して、藩を豊かにしていった。その反面、彼の徹底した政策の進め方は反感をかった。やがて、三代・忠豊の代になると、兼山は解任され、間もなく急逝する。

だが兼山への恨みは収まらず、遺族は全員幽閉された。その期間は、男子がすべて絶えるまでの四十年という長きにわたった。四女の婉《えん》など、投獄されたのが四歳のときで、赦免になったのが四十三歳。その後医者になり、兼山の娘であることを誇りとして六十六歳まで生きたというが、人生の大半を獄舎で過ごしたことになる。

家族に対してもだが、兼山は、土佐藩に大きな禍根を残していった。郷士《ごうし》制度の導入だ。それまで弾圧していた長宗我部の遺臣たちを、郷士として取り立てるという政策をとったのだ。郷士とは、農民でありながら武士の待遇を受ける者をさす。このときの政策は、知行地として与えることを条件に、新田開発に当たらせるもので、長宗我部の遺臣たちを懐柔すると同時に、土地と労働力を確保し、大きな成果をあげた。だが彼ら郷士は、下級武士として厳しく差別されることになる。その不満が幕末まで積もり続け、坂本龍馬ら明治維新の立役者を生むエネルギーになったのだ。

忍び返し

そんな過去などなかったような、どこまでも青い空の下。とにかく杉の段を、天守の見える方向に向かって進み、突き当たりの石段をのぼっていった。鉄門跡があって、小さな桝形を作っている。左側に折れて石段をのぼると、さてさて、どっちに行こうか迷うところだ。まず、左へ下っていく坂道がある。左前方に見える天守の下にも武者走りが通っている。さらに正面には弧を描くように石段があって、まっすぐ進むと詰門《つめもん》へ続く。右方向にものぼって行ける。そして、右後方には、三の丸への入り口……。

軍勢が押し寄せてきた場合は、武者走りは狭く、下り坂や右方向は天守から遠ざかるような気がするので、正面の詰門へ向かうことになるだろう。だが、この詰門は、本丸と二の丸の間の空堀に設けられた門なのだ。たとえ詰門を突破しても、本丸の下の梅の段に出るだけで、容易に天守へは行けない仕組みになっている。

正規のルートは右の石段を、天守に背を向けてのぼるのだ。

城跡は公園になっていて多くの人でにぎわっている。地元の人々の憩いの場にもなっているようだ。テレビでお馴染みの土佐弁が切れ切れに耳に入ってくる。

「何しちゅうが……」

「なんちゃあない」

しかも、声が大きい。ほかの人を案内しているボランティアガイドの説明も、はっきりと聞こえる。石段をのぼりかけたとき、

「天守と石垣の境に、いっぱい鉄串が突き出てますね。あれを、忍び返しといいます。現存するのは高知城だけです」

という声に思わず振り向いた。たしかに、先が鋭く長い鉄の串がびっしりと、真横に突き出

している。石落《いしおとし》の周囲まで囲む念の入れようだ。忍び返しが設けられているのは、この北面だけ。あやうく見逃すところだった。

三の丸も二の丸も広々とした平地になっている。どちらも明治まで御殿が残っていたが、取り壊されてしまった。その分、四方を見渡すことができる。

そのとき、ちらっと青い鳥が見えた。磯鵯《いそひよどり》の雄が羽を翻《ひるがえ》して、藪《やぶ》の中に入っていく。磯鵯は市街地にもいるが、もともとは海岸に生息する鳥だ。羽も、海の色に似ている。紀貫之が『土佐日記』を書いたころには、高知市の平地部のほとんどが海の底だったという。戦国時代から、浦戸湾の干拓が盛んになったということもあるが、度重なる洪水で埋め立てられたということだ。治水に苦労したのも無理はない。

それにしても、高知城は、どこにいても天守がすぐそばに見えるから不思議だ。

廊下橋

本丸に行くには、廊下橋を渡る。廊下橋といっても、じつは、先ほど見た詰門の二階なのだ。ただの渡り廊下というだけでなく、廊下の両側は、家老、中老、平侍などの詰め所にもなっている。廊下の突き当たりは短い階段だ。その手前で左の床を見ると、四角い扉がある。ここから階下に通じていて、非常のときには抜け道になるらしい。一階の扉は現在閉ざされたままだが、両面の扉の位置をずらした「喰違《くいちが》い門」で、容易に通過できないようになっているそうだ。その上、塩の貯蔵庫でもあったという。

それにしても、ひとつで、何とたくさんの機能を兼ね備えた建物だろう。

廊下橋を渡ると、いよいよ本丸に入る。

本丸内の建物がすべて現存するのは、高知城だけだ。とくに本丸御殿は、川越城とここにしかない。とはいえ、これらは山内一豊が造ったものとは違う。当時の建物は、享保十二年（一七二七）、城下で起こった大火のために焼失してしまった。城下の三千六百軒もの家屋を焼き、追手門以外はほとんど燃えてしまったというから、想像を絶する規模の火事だ。それが、八代藩主・山内豊敷《とよのぶ》のときのこと。すぐに再建を開始したが、すべての工事が終わるまでにほぼ二十五年もの歳月がかかった。天守は、寛延二年（一七四九）に完成したという。現在、私たちが見ている天守は、このときのものだ。

四重六階の望楼式。江戸時代の中ごろにできた天守としては、旧式である。もとの天守をそのままに再建したのだという。

土佐藩主は、山内家が絶えることなく継いでいった。そのまま幕末まで続いたわけだが、藩祖・一豊を重んじる心が、代々強くなっていったようだ。城を元どおりに再現したことも、そのあらわれだろう。

十代藩主・豊策《とよかず》のときには、野中兼山の邸跡に、一豊夫妻と忠義を神として祀る藤並神社が建立されている。追手門を入ってすぐ右側だ。今では埋め立てられているが、昔はこのまわりもぐるりと濠で囲まれていた。太平洋戦争の空襲で焼失してしまい、現在では県立図書館が建っている。つまり一豊の像は、かつての藤並神社の境内に建てられていたのだ。

御殿の前では、背後の天守を入れて記念写真を撮るというのが、お決まりのスポットになっていて、たくさんの人が順番待ちをしていた。

それにしても、どこから見てもさっそうとそびえていた天守が、ここにきて意外と小さく感じる。そういえば天守台がない。本丸の地面に直接建っているのだ。ほかの場所からは、本丸の石垣が天守台に見えていたというわけだ。

御殿と天守

本丸御殿は、明治以降、懐徳館《かいとくかん》と呼ばれている。明治七年（一八七四）、高知城は公園として一般に開放された。そのときに名前も改めたのだ。ちなみに天守も、咸臨閣《かんりんかく》とした。公園の施設とすることで、破却を免れようとする意図があったのかもしれない。

さすがに御殿である。欄間《らんま》ひとつとっても、斬新で巧妙なデザインのものばかり。だが、当初の御殿は、狩野派の障壁画で飾られ、もっと絢爛豪華だったという。障壁画は描かれてないことを思うと、これでも簡素になったのだ。

ここにも高知城独特の設備があった。幅二メートル弱の横長の物見窓《ものみまど》だ。横に格子を一本渡してある。敵全体の様子を把握するためのものだとか。とにかく、高知城には独自の設備が多い。おおらかな風土が、新しいものを取り入れようとする気風を育てるのかもしれない。

上段の間の脇に設けられているのは、立派な武者隠しだ。框《かまち》（襖《ふすま》の枠）には金の装飾がほどこされ、引き手から大きな房を垂らしている。その裏にまわって、武者隠しの内部も見ることができた。意外と快適な空間だ。そのそばに、雪隠《せっちん》もある。藩主専用の雪隠だとか。のぞいてみたかったが、扉は開かないようになっていた。

天守の出入り口は、南側と西側にあり、御殿から渡れるようになっている。

簡易の橋を渡りながら、地面を見ると、天守は礎石の上にのっているだけだ。これで何百年も建っているのだから驚く。

御殿側の戸は舞良戸《まいらど》だが、天守の扉は、分厚い漆喰の開き戸。それだけかと思ったら、さらに内側に引き戸という念の入れようだ。さすがに厳重である。連子窓や挟間にまで厚い漆喰の扉をつけていることを思うと、相当火災への配慮をしているということだろうか。

さっきの畳が敷かれた優雅な世界とうって変わって、こちらは板敷き。しかも、細長い床板のそれぞれに取っ手がついていて、引き上げられるようになっている。柱も多い。金具を巻いて補強してある柱が目立つ。

二階には高知城全体の模型が展示してあった。じつはこれを見て、やっと、本丸と二の丸の間に空堀があり、そこに詰門を渡しているという構造が理解できたのだった。

高知城の天守は、外から見ると、まず大きな入母屋屋根が目立つ。その内部が三階になる。「破風《はふ》の間」と呼ばれるこの部屋は、東西には、石打棚《いしうちだな》（本来は投石用の棚で、見張りや攻撃のために人が乗る台）を備えている。南北は、展示物で確認できないが、南が石打棚、北は隠し部屋になっているらしい。

四階まで来ると、窓から織りなす屋根の美しさや、見下ろす景色が開けてくる。

ただ五階は、「小屋の段」と呼ばれる、窓も挟間もない階だ。当然、薄暗い。この階段をのぼると、いよいよ、最上階に出る。

鯨海酔候

旧式を踏襲しただけあって、高知城には人も歩ける廻縁《まわりえん》がめぐらされている。しかも、擬宝《ぎぼ》珠《し》のついた高欄まで、つややかに漆が塗られていた。

現存天守のうち、実際に歩ける廻縁を持つのは、犬山城と高知城だけだ。犬山城のときは、一歩踏み出すなり足がすくんでしまったが、ここは本来の高欄の前に金属の手摺りが取り付けられているので、安心して歩けた。かなり高欄が低いので、安全を配慮してのことだろう。手摺りに肘《ひじ》をついて、のんびりと景色を眺めている人さえいる。城内も、そのまわりにひろがる街も、一望のもとに見渡せる。ここでも、ほかの人をガイドする声がよく聞こえた。

「この前の通りが大手筋。ほいで、今、車が曲がりゆう（曲がろうとしている）、その左っ側《かわ》が、山内容堂公の生まれた屋敷跡です」

先ほど歩いてきたところだ。

土佐藩十五代藩主。容堂で通っているが、これは隠居したあとの号で、名は豊信《とよしげ》という。彼は分家に生まれ、生母も側室、それも、下士である平石氏の娘だった。普通なら、藩主になることはなかったのだが、十三代・豊熈《とよてる》、十四代・豊惇《とよあつ》と相次いで急逝。運命のいたずらで、突然、彼に藩主の座がまわってきたのだ。

このあたりのいきさつは、井伊直弼と似ている。だが、井伊直弼が三十二歳まで三百俵という貧しい暮らしを余儀なくされたのに対して、容堂の場合は、二十二歳で藩主となっている。しかも、それまで分家の長子としてのびのびと暮らしていたようだ。

彼は、藩主として初めてのお国入りのとき、駕籠に乗るという恒例を拒み、愛馬・増鏡《ますかがみ》にまたがって颯爽と入国した。デビュー初日から、土佐の人々の心をとらえたことだろう。さっそく「よさこい節」に、

〜馬は増鏡、乗手は君よ、光り輝く御姿よ〜

と歌われた。

松平春嶽、島津斉彬、伊達宗城とともに、幕末の四賢候のひとりでもある。当時のイギリスの外交官・ミットフォードは、容堂について、

「明らかに人をひきつける魅力を備えており、それは高位のものとしては、まれなことであって、彼が諸侯の仲間の中でも特に影響力を持っていたのは、そのためであった」

と記録している。

のちに大政奉還を建白した彼だが、容堂が伊達宗城に宛てた手紙には、関ヶ原の戦いで土佐一国の恩賞を賜った山内家は、毛利家とは大いに立場が違うので、徳川家に背くことはできないと書いている。二百六十年経っても、各藩が関ヶ原の恩讐を引きずっていたということに驚かされる。倒幕ではなく、公武合体を理想としていた容堂だが、藩士たちは彼の思惑に反して、戊辰戦争へと突き進んでいった。

容堂は、詩や書にすぐれ、美術にも理解を示した文人でもあるのだが、やはり大酒のみという評判が先にたつようだ。彼が用いた号のひとつに「鯨海酔侯《げいかいすいこう》」がある。彼自身も、豪快な人物というイメージで見られたかったのだろう。鯨の海でこよなく酒を愛し、太く短く、四十六歳で病没した。

昼寝を禁ず

東西南北に開け放たれた重厚な漆塗りの引き戸から、心地のいい風が吹き抜ける。豪快といえば、ここにかかっている筆書きの札もそうだ。

「落書き・喫煙・飲食・昼寝を禁ず」

「昼寝を禁ず」という注意書きのある城は初めてだ。天守で昼寝をする人が、たくさんいたということだろうか。たしかに気持ちよさそうだが、普通は思いもよらないだろう。やはり土佐の人たちは、することが違う。

一階までおりて、東多聞《たもん》、廊下門の中を見学し、今度は、真っ黒な黒鉄門《くろがねもん》から、本丸を出た。この門は、かつて非常時以外は閉ざされたままだったという。

そのまま、広大な御台所屋敷跡を通り、搦手《からめて》のほうへ向かった。こちらは人も少なく、ひっそりと静まり返っている。

城にも、外面《そとづら》と内面《うちづら》があるものだ。その差があまりない城もあるが、観光化された城ほど、ギャップができてしまうのかもしれない。高知城は、どちらかというと大きいほうだ。個人的には、そんな城の内面を見て歩くのが好きだ。たいていは、忘れられたような場所になっている。野面積みの苔むした石垣、落葉の積もる細い道、時間がどこかで止まってしまったような空間だ。遠い昔の人々や、残された自然と、対話できそうな気がしてくる。

杉の段通りを一周し、梅の段へ。これは、現在の名称だ。かつては、獅子《しし》の段と呼ばれていた。射場や馬場があった場所だが、今では梅林になっている。ちょうど青い実をたくさんつけていた。春先には、花と香りであふれることだろう。

紫陽花《あじさい》も早々と、色とりどりに咲きそろっている。ゆっくり歩きまわって、また追手門の前に戻ってきた。

代々家老を務めた五藤《ごとう》家の邸が一部残っていると聞いたのだが、よくわからない。五藤家といえば、一豊に仕えた吉兵衛《きちべえ》が有名だ。

観光案内所の前にいた老人に尋ねてみた。

「そこの橋を渡ったら交差点へ出るから……。そのすぐ前の本屋のところです」

その書店も、子孫の方が経営しているのだとか。

陽光

礼を言って、さっそく向かおうとすると、反対に老人が尋ねてきた。

「どちらからですか？」

「神戸からです」

「おぉ。兵庫県ですな。兵庫にはいい城がありますなぁ」

「姫路城ですか」

彼はうなずきながら、

「姫路城は、どうして残ったか、ご存じかな？」

と聞いてくる。

「え？」

一瞬戸惑っていると、急に力のこもった声で、

「土佐は宿毛《すくも》出身の中村重遠大佐が、姫路城と名古屋城は残すべきだと上申したからやないですか！」

「あ、はい。ありがとうございます」

その迫力に思わず頭を下げた。

「姫路城には、顕彰碑が建てられとるでしょうが」

「あの〜」

ついでに、初めに疑問に感じたことを聞いてみようと思った。

「板垣退助が、高知城を救ったんですか？」

「いや」

「じゃあ、どうして、一番目立つところに銅像が……」

「板垣退助は、高知城は救っちゃあせんが、日光東照宮を救っちゅう」

「はい……？」

「どれもおんなじ、日本の大事な文化財やないですか」

老人が、かっと口を開いて笑い出した。吸い込まれそうな人懐っこさを感じさせる笑顔だ。

こんな大らかさで、城を、文化を、日本を愛せたらいい……。燦々《さんさん》と降り注ぐ陽光が、心の中にもひろがっていった。

おわりに

そもそも私が城めぐりを始めたきっかけは、ずっと若いころ。交際していた相手といっしょに小谷《おだに》城跡を訪ねたことです。小谷城は山城。城とはいえ、郭跡は草木に占領され、鳥たちが我が物顔で飛び交っている……。そんな「兵《つわもの》どもが夢の跡」といった風情に、すっかり魅了されてしまいました。今でもそうですが、山道を歩きながら、この場所を舞台に繰りひろげられたであろうさまざまな出来事を想像すると、わくわくしたものです。

以来、城めぐりに夢中になり、中世の山城を中心に、各地の城跡を訪ねまわりました。ただ、その恋が終わったとき、二度と城跡へ行くことはないだろうと、たくさん買い集めた城郭関係の書物もすべて処分してしまったのです。

ところが、平成十八年（二〇〇六）、「小説すばる」（集英社）で「城のあと、夢のあと」と題するコラムの連載を担当することになり、「人生、無駄になる経験はないものだ。いつかどこかで結びつくのだ」と深い感慨を覚えたものでした。

そんなわけで城めぐりも復活し、再び城の本を書くことになった次第です。

この本を書くにあたって、改めて十二城をまわりました。そして、天守に寄せられた人々の思いは格別だと痛感しました。

城を訪ねても、普通は築城者の名前しかあがってきません。ですが、長い年月の間に、じつに多くの人がかかわって現在に至っています。もし彼らの思いがなかったら、十二天守は残っていなかったでしょう。

城に限ったことではありませんが、守り伝えるということは、新しいものを造り出すことに比べると、大変地味で、なかなか価値や成果がわかりにくいことのようです。報われることも少ないのではないでしょうか。

それでも、失くした自然を取り戻すため、絶滅した生物をよみがえらせるため、そして、かつて存在した建物を復元するために、莫大な労力や費用を注いでいることを思うと、その大切さを思わずにはいられません。

形のあるなしにかかわらず、はるかな時代を越えて今に受け継がれたものは、どれも知れば知るほど、何ともいえない懐かしさ、いとおしさを覚えます。そこには、日本人の心の根っことでもいうような情景や心情が息づいているからでしょう。それが、私たちを支えたり、癒したりする力も持っているようです。ややもすると失われてしまうかもしれない危うさも、いとおしさにつながるのかもしれません。ですが、失くしてしまってからでは遅いのです。

十二城に秘められた物語をひとつひとつひもといていくことは、私自身にとって、そういった価値を問い直し、意義を再確認することでもありました。

城は、これからもまた、新たな歴史を刻み続けていくことでしょう。つまり、今でも生きているのです。

とくに四季折々の風物と重ねて見ると、城の表情が、本当に生き生きとして見えます。そこで、十二城を十二か月に配し、四月から、その月に最もふさわしいと思える城（あくまで独断ですが）を訪ねていくことを計画しました。花、鳥、雨、夏草、川、秋空、月、紅葉、暮れ、日の出、雪、春風……。実際には、決めた月に訪問することができなかった城も多いのですが、めぐる季節を感じながら読んでもらえるようにと、城の紹介順は初めに予定した順番にしています。

今後、城そのものも、城をとりまく環境や自然なども、多かれ少なかれ、移り変わっていくことでしょう。新たに資料や遺構が発見されて、定説がくつがえされる可能性もあります。ですから、今回の記述と異なることも出てくるかもしれません。この本では、私が訪問した時点までの城の姿を、私なりの視点で切り取ってみました。みなさんが城を再発見するきっかけになれば、こんなうれしいことはありません。それが、また、城を守り伝えていくことにもつながると思うからです。

十二城を訪ねる度に、多くの人々のあたたかさに触れました。思い出す度に、まるで心のふるさとのように感じます。そういった意味でも、守っていきたい場所のひとつです。

末尾にはなりましたが、幻冬舎の大島加奈子さんはじめ、各地の城でお世話になったみなさん、今まで出会ったすべての方々、そして、この本を手にとってくださっているあなたに、この場を借りて心から感謝したいと思います。

本当にありがとうございました。

二〇一一年一月吉日

山下　景子

参考文献

『日本城郭大系』児玉幸多・坪井清足監修（新人物往来社）／『日本100名城公式ガイドブック』財団法人 日本城郭協会監修（学研）／『日本百名城』中山良昭（朝日文庫）／『城のすべて』鈴木亨監修（PHP研究所）／『戦国・城と女』（毎日グラフ別冊・全3巻）楠戸義昭編（毎日新聞社）／『週刊名城をゆく』（全50巻）（小学館）／『よみがえる日本の城』（全30巻）（学習研究社）／『城郭史からみた弘前城』斉藤栄司（陸奥新報社）／『江戸三〇〇藩最後の藩主』八幡和郎（光文社新書）／『江戸三〇〇藩バカ殿と名君』八幡和郎（光文社新書）／『ビジュアル版最後の藩主』八幡和郎監修（光文社）／『城郭』西ヶ谷恭弘（東京堂出版）／『城郭の見方・調べ方ハンドブック』西ヶ谷恭弘編著ほか（東京堂出版）／『城のつくり方図典』三浦正幸（小学館）／『城の日本史』内藤昌（NHKブックス）／『天守のすべて』三浦正幸監修（学習研究社）／『名城の日本地図』西ヶ谷恭弘・日弁貞夫（文春新書）／『城の見方』佐藤俊一編ほか（小学館）／『別冊歴史読本・戦国人物700傑』（新人物往来社）／『日本の城』稲垣史生（平凡社カラー新書）／『城の見方ハンドブック』菅井靖雄（池田書店）／『江戸時代全大名家事典』工藤寛正編（東京堂出版）／『戦国大名家臣団事典』山本大編ほか（新人物往来社）／『三百藩家臣人名事典』（新人物往来社）／『戦国人名事典』阿部猛・西村圭子編（新人物往来社）／『藩と城下町の事典』工藤寛正編（東京堂出版）／『城のしおり』（全国城郭管理者協議会）／『日本歴史大辞典』（河出書房新社）／『日本歴史大系』井上光貞編ほか（山川出版）／『角川日本地名大辞典』（角川書店）／『日本史諸家系図人名辞典』小和田哲男監修（講談社）／『三百藩藩主人名事典』（平凡社）／『織田信長家臣人名辞典』谷口克広（吉川弘文館）／『日本名城画集成』荻原一青画・鳥羽正雄監修（小学館）／『値段史年表』（朝日新聞社）／『両から円へ』山本有造（ミネルヴァ書房）／『日本城郭史』大類伸・鳥羽正雄（雄山閣）／『日本の名城・知識と鑑賞の旅』井上宗和（雄山閣）／『新版　名城を歩く』西ヶ谷恭弘監修（PHP研究所）／『国史大辞典』（吉川弘文館）／『藩史大事典』木村礎編ほか（雄山閣）／『戦国・名将言行録』藤公房（ダイヤモンド社）／『名将言行録』岡谷繁実（文成社）／『空から見た日本の名城』千田嘉博編（新人物往来社）／『花と樹の大事典』木村陽二郎監修（柏書房）

『青森県百科事典』(東奥日報社)／『島根県大百科事典』(山陰中央新報社)／『神々の国の首都』小泉八雲・平川祐弘編(講談社学術文庫)／『堀尾吉晴と忠氏』佐々木倫朗(松江市教育委員会)／『堀尾吉晴――松江城への道』山根正明(松江市教育委員会)／『無門関を読む』秋月龍珉(講談社学術文庫)／『天守と倶に』(福井県丸岡五徳会)／『丸岡城略史』(丸岡城下を考える会)／『宇和島城』(宇和島市教育委員会)／『史跡宇和島城事前遺構調査報告書』宇和島市／『和霊神社由来』和霊神社社務所／『犬山の歴史散歩』横山住雄(濃尾歴史文化研究所)／『国宝犬山城図録』横山住雄(教育出版文化協会)／『犬山城天守について』犬山城下町を守る会(博文社)／『三国志』吉川英治(講談社)／『三国志の旅』陳舜臣監修(講談社)／『漢文名作選』田部井文雄・高木重俊(大修館書店)／『城を売る男』成瀬正俊(梅里書房)／『松山城の秘密』土井中照(アトラス出版)／『松山城』西窪企画編(松山観光コンベンション協会)／『正岡子規全集』(改造社)／『いにしえのときを刻む丸亀城』近藤末義(丸亀市観光協会)／『生駒・山崎・京極史談』吉岡和喜治(丸亀市文化財保護協会)／『岡山県大百科事典』(山陽新聞社)／『重要文化財備中松山城』高梁市教育委員会／『續群書類従第二十二輯下　合戦部』塙保己一(平文社)／『戦国合戦大事典〈六〉』戦国合戦史研究会編(新人物往来社)／『名家老とダメ家老』加来耕三(講談社)／『埋木舎と井伊直弼』大久保治男(サンライズ出版)／『彦根城を極める』中井均(サンライズ出版)／『花の生涯』舟橋聖一(祥伝社文庫)／『彦根城ガイドブック』(彦根市教育委員会文化財部文化財課)／『名城を歩く1・姫路城』西ヶ谷恭弘監修(PHP研究所)／『姫路城を彩る人たち』播磨学研究所(神戸新聞総合出版センター)／『姫路城　永遠の天守閣』中元孝迪(神戸新聞総合出版センター)／『松本城の歴史』松本市立博物館／『松本城とその周辺』中川治雄ほか(フォト信州)／『歴史の中の松本城』金井圓監修(松本市教育委員会)／『高知城』(財)土佐山内家宝物資料館／『藩主の一生』(財)土佐山内家宝物資料館／『土佐藩主山内家墓所』(財)土佐山内家宝物資料館／『山内一豊と見性院』(財)土佐山内家宝物資料館／『山内容堂』(財)土佐山内家宝物資料館／『改訂版　高知城下町読本』土佐史談会編(高知市観光課)

URL
各城の公式ホームページ
国土交通省ふるさとサーチ

著者略歴

山下景子
やましたけいこ

兵庫県神戸市生まれ。
武庫川女子短期大学国文科卒業後、
作詞家を目指し、「愛知・名古屋マイソング」などで受賞。
初めての著書『美人の日本語』（幻冬舎）は
26万部を超えるベストセラーになる。
他に『美人のいろは』『花の日本語』（ともに幻冬舎）、
『美人の古典』（PHP研究所）、
『ことばの歳月〜美しく響きあう言葉たち〜』
（廣済堂出版）などの著書がある。
趣味は城めぐり。日本全国の城址を、
地図片手に歩いている。

幻冬舎新書 202

現存12天守閣

二〇一一年一月三十日 第一刷発行

著者 山下景子
発行人 見城徹
編集人 志儀保博

発行所 株式会社 幻冬舎
〒一五一-〇〇五一 東京都渋谷区千駄ヶ谷四-九-七
電話 〇三-五四一一-六二一一(編集)
〇三-五四一一-六二二二(営業)
振替 〇〇一二〇-八-七六七六四三

ブックデザイン 鈴木成一デザイン室
印刷・製本所 株式会社 光邦

Printed in Japan ISBN978-4-344-98203-1 C0295
や-4-2

幻冬舎ホームページアドレス http://www.gentosha.co.jp/
*この本に関するご意見・ご感想をメールでお寄せいただく場合は、comment@gentosha.co.jp まで。

幻冬舎新書

山下景子
ほめことば練習帳

「折り紙付き」「圧巻」などよく耳にする言葉から、「口果報」「柳絮の才」のように現代ではそう使われることのない言葉まで、語源を遡り解説。言葉を使いこなし、人生を豊かにする練習帳。

三浦佑之
金印偽造事件
「漢委奴國王」のまぼろし

超一級の国宝である金印「漢委奴國王」は江戸時代の半ばに偽造された真っ赤な偽物である。亀井南冥を中心に、本居宣長、上田秋成など多くの歴史上の文化人の動向を検証し、スリリングに謎を解き明かす！

榎本秋
戦国軍師入門

「戦争のプロ」のイメージが強い戦国軍師だが、その最大任務は教養・人脈・交渉力を駆使し「戦わずにして勝つ」ことだった！ 一四の合戦と一六人の軍師の新解釈から描き出す、新しい戦国一〇〇年史。

榎本秋
外様大名40家
「負け組」の処世術

「負け組」戦国大名は、いかにして江戸時代を生き抜いたのか。将軍家との婚姻政策に奔走した前田家、藩士1000人の大リストラを断行した津軽家など、外様大名40家の系譜と歴史。